广东海洋大学科研启动经费资助项目
（supported by program for scientific research start-up funds ot Guangdong Ocean University）
项目名称：朱熹政治哲学及其当代价值研究（项目编号：060302152102）

# 多元文化视野下的 《增广贤文》研究

岳晗 著

群言出版社
QUNYAN PRESS
·北京·

**图书在版编目（CIP）数据**

多元文化视野下的《增广贤文》研究 / 岳晗著 .
北京 ：群言出版社，2025. 1. -- ISBN 978-7-5193
-1053-0

Ⅰ. H194.1

中国国家版本馆 CIP 数据核字第 20251S89R3 号

责任编辑：胡　明
装帧设计：寒　露

出版发行：群言出版社
地　　址：北京市东城区东厂胡同北巷1号（100006）
网　　址：www.qypublish.com（官网书城）
电子信箱：qunyancbs@126.com
联系电话：010-65267783　65263836
法律顾问：北京法政安邦律师事务所
经　　销：全国新华书店

印　　刷：定州启航印刷有限公司
版　　次：2025年1月第1版
印　　次：2025年1月第1次印刷
开　　本：710mm×1000mm　1/16
印　　张：10.25
字　　数：180千字
书　　号：ISBN 978-7-5193-1053-0
定　　价：58.00元

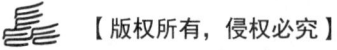

# 序

作为由政治、哲学、宗教和艺术等具有相对独立性的要素组成的有机联系的动态系统，文化既有世界性，也有多元性。文化的世界性表现为，所有的文化都源于对人的内在价值的肯定与认可，都是为了妥善处理人与人之间、人与社会之间、人与心灵之间、不同文化之间的矛盾而创立的人造物，皆有对文化存续的关切。文化的多元性则包括世界和国家两个层面，从世界范围来看，各个国家和地区的文化异彩纷呈；就国家内部而言，由于民族、宗教的不同，一国内部的文化也由多个有机组成部分构成。

文化的世界性为文化交流和文化对话提供了可能性，而文化的多元性则给不同文化之间的交流互鉴赋予了必要性。自轴心时代以来，文化交流就不曾中断。古代有达摩西来、玄奘取经，中华文化传入欧洲，近现代则有以现代性为核心理念的西方文化舶来中国。在文化交流中，既有本土文化对外来文化的吸收、容纳，又不乏外来文化渗透本土文化的情况。因此，在文化交流之中，本土文化要想不被外来文化取代，就必须保持其主体性。

要保持文化的主体性，就要搞清楚中华文化的特色和优势。中华文化绵延数千年，其中既有共时性的要素，又不乏已经失去存在合理性的成分。所谓中华优秀传统文化，就是中华文化在现代社会依然具有合理性要素的集合体。从内容上看，它以儒家为主导，兼容佛家、道家、墨家、法家、阴阳家、纵横家、兵家等学派的思想；就载体而言，它既包括儒、释、道等学派的不朽典籍，又涵盖典章制度、蒙学经典、家法族规、乡约村规等传世文献，还涉及节庆习俗、戏曲山歌、婚丧嫁娶等生活方式。可见，中华优秀传统文化既是古圣先贤呕心沥血的智慧结晶，又是今人发掘宝藏的思想资源。

作为中华民族的精神命脉，中华优秀传统文化实乃中国人之所以为中国人、中华民族之所以为中华民族的根本。即使是在现代，我们依然可以本着古为今用的态度，把中华优秀传统文化当作建设中华民族现代文明的思想资源。因此，习近平同志才会在 2014 年 10 月 15 日召开的文艺工作座谈会上说："中华优秀传统文化是中华民族的精神命脉，是涵养社会主义核心价值观的重要源泉，也是我们在世界文化激荡中站稳脚跟的坚实根基。"

一方面，传统是现代的基础，本土文化对现代的解读和现代性的在地化，都需要以传统为基础。一旦离开传统，现代就将成为无源之水、无本之木。另一方面，现代既是传统的发展，又是诠释传统的必要前提。要是放弃现代视野，我们就会"不识庐山真面目"，也就无法发现传统的价值和缺憾。可见，传统和现代是辩证关系，二者之间既有尖锐的矛盾和冲突，又不乏共通之处。

置身全球化浪潮此起彼伏、多元文化激荡不已、知识爆炸式增长的当今社会，我们要建成中国式现代化，就必须保持民族文化特色，如果我们照搬西方，就会有邯郸学步的危险。如果我们要保持民族文化特色，就要对中华优秀传统文化加以创新性解释和创造性转化。

在中华优秀传统文化中，儒家讲求与人为善，道家讲求逍遥自乐，佛教倡导行善积德，这些主张都可以抚慰现代人焦虑不安的内心。因此，通过研习中华优秀传统文化来修己安人、安时处顺、自度度人，都是安身立命的康庄大道。

要对中华优秀传统文化加以创新性解释和创造性转化，我们就不能将目光局限在儒、释、道三家的传世经典上。《增广贤文》一书既将儒、释、道三家的思想精华融为一体，又以其文字浅近易懂、句式灵活多变、读来朗朗上口、容易熟读成诵的鲜明特质，成为百姓喜闻乐见、传承不绝的蒙学经典。

作为蒙学经典，《增广贤文》既可以让人洞悉人生的奥秘，又可以帮人适应守望相助的熟人社会，还可以帮人适应纷繁复杂的陌生人社会。此外，它不但告知人们刻苦学习的必要性，而且教给人们事半功倍的学习方法。因此，在历史上，《增广贤文》也就成为一代代中国人认同的、一字一句研读、逐字逐句记诵、自觉在为人处世中遵循的中华优秀传统文化的重要载体。

虽然《增广贤文》文字浅近，但是我们却不能轻忽它。在水乳交融、不分彼此的生存世界中，《增广贤文》这一在者又是由其背后的其他存在所决定的，在者的出场是以其他存在的隐没为背景的。换言之，在者背后的其他存在即是学界所谓的历史文化语境，在者与其背后的文化语境之间是一种共在关系。因此，在研究《增广贤文》时，我们既要肯定在者的价值，又不能否定在者背后的历史文化语境的意义。在《存在与时间》中，海德格尔（Heidegger）说："通过解释，存在的本真意义与此在本已存在的结构就向居于此在本身的存在之领悟宣告出来。"通过解释，文本的真实意蕴、文本背后的文化语境、文本潜在的现代价值就都从隐没之处走出来，成为读者可以了解的客体。要研究《增广贤文》，我们就要从文本的真意、文化语境和现代价值三个层面着手。

由于时代的变迁和学养的参差不齐，虽然很多人大概了解条文的语意，却很难看出背后的其他存在。因此，我们要以《增广贤文》中的条文为文本，立足以中华优秀传统文化和现代视野为必要基础的前见，使文本的真意、文化语境和现代价值依次出场。《增广贤文》作为常读常新的文本，不仅处于其编纂者的视界之中，而且处于不断解读该书的后人的视界之内。在《真理与方法》中，伽达默尔（Gadamer）说："视界其实就是我们活动于其中并且与我们一起活动的东西。视界对于活动的人来说总是变化的，一切人类生命由之生存的以及以传统形式而存在于那里的过去视界，总是已经处于运动之中了。"视界可以从空间和时间两个维度来理解，从空间维度上看，视界既是人们生存的背景，又随着人们的活动而变迁；从时间维度上看，视界又可以划分为前人和今人两种。可见，要研究《增广贤文》，既要自觉置身该书编纂者的视界，又要立足今人的视界，还要实现今人与该书编纂者的视界融合。

在弘扬中华优秀传统文化蔚然成风、推进"两个结合"深入人心的今天，学界如仅仅停留在对《增广贤文》的文字解读，就会跟不上时代需求。因此，我们就需要创造研究范式，革新研究方法，以便见前人所未见，言他人所未言。要研究《增广贤文》的文化语境、阐发《增广贤文》的现代价值，我们就要超越门户之见，立足多元文化视野，系统梳理该书的文辞，阐释文句背后的多重意蕴。如果我们能够完成这一工作，不仅可以为学界进一步研究该书提供可借鉴的研究成果，还能为传统文化爱好者提供不无裨益的学习资料。

是为序。

李永富

2023 年 12 月

# 目 录

引 言

古往今来，《增广贤文》一直是百姓喜闻乐见的处世宝典。在生活中，我们经常能够看到或听到该书的某些条文。与此同时，虽然我们能看到人们对其文辞的简单解释，但是，系统研究该书的专著却并不多。尽管该书文辞浅近，我们却不能轻忽其历史作用和现代价值。

## 一、成书过程

《增广贤文》，又叫《昔时贤文》《古今贤文》，是我国古代著名的儿童启蒙读物。在汤显祖创作的著名戏曲《牡丹亭》中，我们可以看到该书的名字。由于这一戏曲诞生于明代万历年间，可见该书最晚编成于明代万历年间。后来，又有文人继续对其进行加工，变成了《增广昔时贤文》，通称为《增广贤文》。但是，关于本书的作者，历史上一直没有明确记载。

在清代咸丰年间，一位署名为硕果山人的儒生对该书进行了增订，改以字数多少为原则重新排列，并将书名改为《训蒙增广改本》。可以说，这一名称的出现，进一步凸显了该书的蒙学教育特点。有道是"光阴似箭，日月如梭"，到了清朝同治年间，儒生周希陶又对原文加以修订，改以平、上、去、入四种韵调为依据重新排序，并把书名改为《重订增广》。可见，《增广贤文》并非一时、一地、一人之作，而是多人接力、不断提升的作品。可以说，该书代表了先贤对后人的殷切希望，值得今人认真研究。

该书诞生于明清时期，体现了当时的文化语境和时代特点。从文化语境来看，"中国文化就是以儒学为主导的儒、道、佛三教圆融互摄，以兼容并包、博采众长为方针，吸纳法家、阴阳家、名家等其他学术流派思想的多元一体的有机共同体"①。在当时，中华文化呈现出以儒家为主，儒、释、道三教合流的宏大景象。可见，中华文化具有"包容、和谐、理性、中道的统一传统，是在'和而不同''和合共生'的多元包容形态下的统一"②。在中华文化中，儒家文化的大一统观念具有鲜明的反分裂特质，一直在维护国家统一、融洽民族感情、实现民族和合等方面，发挥着不可忽视的重要作用。在云南，儒家文化在"少数民族地区的传承途径和方式，主要是通过政治权力、民族间的交流及交往、学校教育、家庭及村寨组织、宗教、大众媒介及文学作品、乡规民约及谚语等七种不同的方式"③，实现了广泛而深远的传播。可见，中华优秀传统文化曾经在铸牢中华民族共同体意识上发挥过不可替代的作用。

从时代特点来看，以晋商、徽商、赣商、鲁商、浙商为代表的十大商帮非常兴盛，贸易范围不仅涉及国内的福建、两淮、江浙、京津、山西等地，而且还涉及众多边境城市。由于经商需要，商人不得不离开以身份和关系为主导的、流动性弱、温情脉脉的熟人社会，踏入以契约和法律为主导的、流动性强的、人性冷漠的陌生人社会，常会面临诸多不便。为了提升自身适应陌生人社会的能力，提升在商战中获利的概率，商人就急须一本处世宝典。正是基于此等社会需求，急公好义的文人雅士才会编纂出《增广贤文》这本书。

《增广贤文》除了可以帮助商人适应社会，还能在商业巨贾的家风建设中发挥作用。在晋商的家庭中，"后代子弟的教育以私塾式的家庭教育

---

① 李永富.超越"体用"和"古今"：多元文化视野下的民族文化复兴[J].中州学刊，2013（5）：87-91.

② 刘鸿武，敖缦云.中华多民族统一国家和合共生的历史文化密码[J].云南师范大学学报（哲学社会科学版），2022，54（1）：53-61.

③ 杨志玲，盛美真.儒家道德文化在云南少数民族地区的传承途径[J].云南民族大学学报（哲学社会科学版），2007，24（5）：40-43.

为主，分为两种类型：为入仕而准备的儒学教育和服务于商场的职业教育，并且辅之以定期和不定期的家史教育"[1]。在明清的历史语境中，商业家族不仅仅满足于经商，还会期望有些孩子能够走入仕途。因此，既有为人处事之道又有读书方法的《增广贤文》就成了商业家族教育子弟的必备参考书。

## 二、特质

为了帮助人们适应陌生人社会，《增广贤文》一方面借鉴荀子人性本恶的观点，以冷静客观的态度充分凸显了现实社会的是非纷扰；另一方面，编纂者又从儒家的仁者爱人、佛教的善恶因果、道家的知足不辱等思想出发，提倡大家知心比心、安时处顺、行善积德。通读该书，我们可以发现，该书不仅大致包括为人之道、处世之道、政治哲学和教育哲学等内容，还具有语言通俗、篇幅精练、选材广泛、内容全面等鲜明特质。

第一，语言通俗，易于记诵。

从难易程度看，该书语言生动形象、通俗易懂，使用的修辞手法灵活多样。"羊有跪乳之恩，鸦有反哺之义"使用了比喻的手法，以动物的反哺行为来劝人行孝；"明知山有虎，偏向虎山行"采取了对偶的修辞手法，成功地凸显了做人应该不畏艰难的哲理；"叫月子规喉舌冷，宿花蝴蝶梦魂香"一句使用了拟人和对偶两种修辞手法，展现了人生既有寂寥又有梦幻未来的多彩样态。此外，该书的文辞优美，读来朗朗上口，容易记诵。从使用效果来看，一旦学生熟读成诵，就不易忘记，也就能在生活中实现知识转化。正因为该书易读、易懂、易诵，才能成为传世蒙学经典。

---

① 李少华.晋商的家庭教育[J].太原理工大学学报（社会科学版），2008，26（4）：47-49，67.

第二，句式灵活，篇幅合适。

从编排特点来看，该书有三言、四言、五言、六言和七言等多种句式。"美不美，山中水；亲不亲，故乡人"用了三言句式；"黄芩无假，阿魏无真""闹里有钱，静处安身。来如风雨，去似微尘"用了四言句式；"清酒红人面，财帛动人心""路遥知马力，事久见人心""相见易得好，久住难为人""客来主不顾，自是无良宾；良宾主不顾，应恐是痴人"几句用了五言句式；"百年成之不足，一旦坏之有余"用了六言句式；"易涨易退山溪水，反反复复小人心"用了七言句式。可见，该书的句式灵活，不受格律限制。再从篇幅上看，该书总共6000多字，篇幅长短得当，即使通读一遍也费时不多。

第三，博采众长，为我所用。

该书的编纂者没有门户之见，将儒、道、佛三家的典籍、诗词歌赋、格言和民谚等资料都纳入拣选范围。首先，是儒、道、佛三家的典籍。例如，"人无远虑，必有近忧"选自《论语·卫灵公》，而"天网恢恢，疏而不漏"则选自《道德经·第七十三章》，原文为"天网恢恢，疏而不失"。至于"灭却心头火，剔起佛前灯"则来自佛教《点灯偈》，原文为"灭除心头火，提起佛前灯，愿以大智慧，照破众无明"。其次，是历代诗词。例如，"人生不满百，常怀千岁忧"选自汉代诗歌《古诗十九首》，"平生不做皱眉事，世上应无切齿人"来自宋代邵雍的《诏三下答乡下人起之意》，原文为"生平不作皱眉事，天下应无切齿人"。"叫月子规喉舌冷，宿花蝴蝶梦魂香"源自宋代诗人俞处俊名为《句》的诗歌。再次，是史书。例如，"积金千两，不如明解经书"选自《汉书》。还有一些来自民间格言和谚语，如"莫道君行早，更有早行人"。最后，是历代戏曲。"近来学得乌龟法，得缩头时且缩头"来自《元杂剧·鲁大夫秋胡戏妻》，原文为"如今且学乌龟法，只是缩了头来不见人"。

由此可见，《增广贤文》的选材体现了编纂者博采众长、为我所用的宗旨。在今天，我们要建设中华民族现代文明，也应该效法该书编纂者的选材宗旨，自觉"不忘本来，吸收外来，面向未来"。

第四，内容全面，足堪大用。

就内容而言，《增广贤文》编纂者主要关注的是如何在社会中为人处世，怎样赢得幸福美好的人生，怎么解读命运观，如何读书入仕等既具有时代意义又具备现代价值的问题。

从价值导向上看，该书提倡的是孝悌、仁爱、诚信、勤俭、知足等儒家伦理，倡导的是行善积德、迁善改过，期望人们过上成人达己、自尊自信、幸福美满的人生。可见，该书的编纂者对儒家思想具有深度了解。与此同时，在该书之中，我们也能发现道家的人生观。例如，"知足常足，终身不辱"体现了道家鼻祖老子的知足不辱思想；"人情似水分高下，世事如云任卷舒"体现了老子提倡的道法自然观念。此外，该书也展现了佛教的人生哲学。例如，"出家如初，成佛有余"体现了保持初心、坚持修行对成佛的重要性；"救人一命，胜造七级浮屠"体现了佛教自度度人的观念。

基于以上分析，《增广贤文》一书将儒、释、道三教的思想精华融为一体，实乃中华优秀传统文化的重要载体之一。在历史上，该书曾经为指导人们学习处世之道发挥过积极作用；在当代社会，研究《增广贤文》，有助于"重审道德教育的童与蒙，观照道德教育的时与序，反思道德教育的文与质，守望道德教育的根与魂"[①]，以便为改良社会风气、实现人民对美好生活的向往提供思想资源。可见，该书也能成为今人了解传统文化、践行中华优秀传统文化的重要思想资源。

## 三、定位和价值

由于选材广泛，学界对《增广贤文》的思想倾向做了不同解读。佛

---

① 　徐芳健.童蒙教材中的传统德育及现代启示：以《幼学琼林》《增广贤文》的对比分析为例 [J].教育文化论坛，2022，14（3）：101-104.

门中人往往认为,《增广贤文》以佛教思想为主;道教信徒则会认为,《增广贤文》主要反映的是道家的思想;拥护儒家思想的人又会认为,《增广贤文》主要体现了儒家思想。笔者以为,《增广贤文》既非一门一派之作品,又非一时一人之作品,不如将其定位为以儒、释、道思想为核心的中华优秀传统文化的载体。

在过去,民间已有"读了《四书》知礼义,学习《贤文》会做人""读了《增广》会讲话,学了《幼学》会看书"之类的谚语流传。可见,古人很早就认识到了《增广贤文》一书的价值。《增广贤文》最后说:"奉劝君子,各宜守己;只此呈示,万无一失。"意思是说该书适合各个年龄段的读者,希望大家能够认真学习、灵活运用。

在历史上,该书曾经产生过重大影响。很多人在年幼时学过该书之后,一辈子都把它当作为人处世、安身立命的宝典。在很多古代民间文学作品中,我们经常可以看到《增广贤文》里面的词句。在"三言二拍"之中,"人心不足蛇吞象""强中自有强中手""常将冷眼观螃蟹,看你横行得几时""平生不作皱眉事,世上应无切齿人"等语句就来自《增广贤文》。《醒世恒言》中的"运去黄金失色,时来铁也生光"来自《增广贤文》中的"时来铁成金,运去金成铁"。在《西游记》第二十九回中,大臣为了让唐僧去救公主,就对国王说:"来说是非者,就是是非人。"在《西游记》第八十一回中,众僧对悟空说:"莫信直中直,须防仁不仁。"意思是孙悟空不要只会说大话,有本事去把妖怪捉住。可以说,该书是一部处世的宝典,是中国人了解社会、修身养性和安身立命的行动指南。

即使在今天,《增广贤文》也是民众耳熟能详的处世宝典。因此,在日常交往中,不少人还会偶尔引用一两句《增广贤文》里面的词句。但是,在建设中华民族现代文明、推进中国式现代化的当今,仅仅停留在对该书文辞的简单解释是远远不够的。因此,我们应该提升高度、拓宽眼界,多角度、全方位地挖掘《增广贤文》的现代价值。

## 四、阐释之道

要阐释《增广贤文》的现代价值，首先就要了解当今社会的文化语境。党的二十大报告指出："发展社会主义先进文化、弘扬革命文化，传承中华优秀传统文化，满足人民日益增长的精神文化需求。"作为哲学社会科学工作者，我们应该增强文化自信，通过对中华优秀传统文化的创新性解释和创造性转化，为实现中华优秀传统文化和马克思主义基本原理的结合，作出自己的贡献。发掘《增广贤文》的现代价值，正是实现中华优秀传统文化的创新性解释和创造性转化的重要举措。

要阐释《增广贤文》的现代价值，还需选择合适的研究视角。学界已有的研究大都停留在对该书条文的解释方面，缺乏系统深入的研究。置身于中华民族伟大复兴的当今，我们可以从天人之学、理想人生、和合学、政治哲学等多个角度切入，对《增广贤文》进行多角度、全方位的研究。

首先，阐发天人之学及其处世之道。

《易传》之中既有以阴阳二气的对立与贯通为表现形式的宇宙本然、实然，又有以人生实然、应然为核心内容的性命之理。由此，天人之学就变成以三才之道为核心、兼具符号系统和义理底蕴的文化价值系统。在该系统中，"天道是人道的价值来源，而人道则是天道在人间的展现。作为人道的核心内涵，性命之理要解决的是人性的本然、实然等问题"①。《易传》之中的性命之理主要表现在以下几处："生生之谓易"说明了天道具有化生万物的生生之德，"天人合德"展现了天道与人道在道德上的共通性，"继善成性"说明了天地化生万物之日，即是万物具备自身特性之时。

在天人之学之中，明分位、讲中正、倡变通等思想对《增广贤文》

---

① 李永富.易学视野下的二程理学建构[M].成都：西南交通大学出版社，2021：82.

编纂者影响较大。第一，《增广贤文》立足天人之学的视角，着重阐述明分位、讲中正和倡变通的内容。第二，《增广贤文》不仅阐述明分位、讲中正和倡变通等思想与该书之中的哪些条文有关联，还会说明如何将相关条文应用在为人处世之中。

其次，研究儒、释、道命运观及其实践路径。

在《增广贤文》中，与命运有关的条文颇多，且涉及儒、释、道等学派。因此，研究儒、释、道三家的命运观，就是研究《增广贤文》的哲学基础之一。在本书中，笔者不仅将依次阐释儒家命运观、佛教命运观和道家命运观的内容，而且会论述这些命运观与《增广贤文》之中条文的关联。例如，"在家不会迎宾客，出门方知少主人"体现了孔子的"己所不欲，勿施于人"思想；"有田不耕仓廪虚，有书不读子孙愚""人无远虑，必有近忧""养儿防老，积谷防饥"等条文彰显了儒家的忧患意识。"古人不见今时月，今月曾经照古人"两句由写景入手，凸显了佛教的世事无常思想；而"忍得一时之气，免得百日之忧"则体现了佛教劝人戒除贪、嗔、痴的思想。"枯木逢春犹再发，人无两度再少年"说明了道家自然而然的命运观；"天上众星皆拱北，世间无水不朝东""人生知足何时足，到老偷闲且是闲"等条文凸显了道家安时处顺的命运观。

虽然对命运观的哲学研究非常重要，但知识转化也不能忽视。因此，笔者不但将说明三家对德福关系的认识，而且会说明佛教善恶因果思想的现代价值，还会简要说明道家安时处顺等思想的作用和局限。

再次，立足修身齐家视域，阐发儒家的人生应然。

与讲求个人奋斗的西方成功学不同，以仁爱思想为基础的"修齐治平"思想是中国成功学的核心内容。在儒家修齐治平思想的影响下，《增广贤文》编纂者也编选了相关条文。"为人莫做亏心事，半夜敲门心不惊"说明了慎独在修养道德中的作用；"养子不教如养驴，养女不教如养猪"说明了建设良好家风的必要性；"路遥知马力，事久见人心"说明了与人交往不要被首因效应所左右，要学会"听其言而观其行"（《论语·公冶长》）；"世上万般皆下品，思量唯有读书高"体现了儒家的"学而优则仕"思想。

笔者将立足修身齐家视域，阐发儒家在个人修身方面对慎独、气度、诚信、交友等问题的强调，说明儒家看重孝悌、尊重、教育在维护家庭秩序方面的价值。在齐家之道中，笔者还将研究儒家的教育哲学。

最后，由和合学出发，阐扬理想社会秩序，说明政治清明、守望相助、战略战术与理想社会秩序之间的关系。

和合学由中国人民大学张立文教授创立，"以多元差分、融突和合、生生创新为其三大步骤"[①]。和合学既直面人与人、人与社会、人与他人、人与心灵、人与自然之间的诸多冲突，又以和生、和处、和立、和达、和爱为五大原理，并以实现和合为价值归依。

和合政治哲学是和合学与政治哲学的交叉学科，主要研究和合在理想政治秩序、制度设计等层面的落实。在和合政治哲学中，和合是理想政治秩序的政治价值，理想社会秩序是理想政治秩序的有机组成部分，因而，和合亦是理想社会秩序的价值依据。即使有了价值依据，理想社会秩序也不会自动从理论走入现实。只有做好必要的制度设计，理想社会秩序才有可能实现。

和合学对《增广贤文》编纂者也有不少影响，"在家不会迎宾客，出门方知少主人"说明了人与人之间实现和合的必要性；"官有正条，民有私约"说明了法律在维护社会秩序方面具有不可替代的作用；"衙门八字开，有理无钱莫进来"既体现了司法官员的素质参差不齐，又说明了司法领域干部政德教育的必要性；而"惧法朝朝乐，欺公日日忧"则体现了息讼思想。

笔者将立足和合政治哲学，阐明和合与理想社会秩序之间的关系，论述实现理想社会秩序的制度设计，说明人才与理想社会秩序之间的关联，解释战略战术与理想社会秩序之间的关系。此外，笔者还将在理想

---

① 岳晗，李永富.论先秦阴阳思想的和合意蕴[J].学术探索，2019（11）：9-15.

社会秩序的视域中，结合《增广贤文》之中的相关条文，说明个体的定位与发展空间。

综上所述，研究《增广贤文》，既要对中华优秀传统文化足够了解，又要具备现代视野和家国情怀。因此，在本书中，笔者将从易学三才之道、命运观、修齐之道、和合政治哲学等视角着手，充分揭示《增广贤文》的思想内涵，进而说明其现代价值。

# 第一章　天人之学视域下的
# 处世之道

　　《周易》由六十四卦构成，一卦又由初、二、三、四、五、上六爻组成。在六爻之中，"以上二爻为天，中二爻为人，下二爻为地"[①]。既然一卦六爻包含了天道、地道和人道，那么，易学就变成了推天道明人事、法天文开人文的天人之学。

　　作为群经之首，《周易》对中国人产生了不可忽视的影响，天人之学的明分位、讲中正、倡变通等思想也深刻地影响了中国人的思维方式。作为中华民族的一分子，《增广贤文》的编纂者自然也会受到天人之学的诸多影响，并且会自觉或不自觉地将这些影响落实在条文的选择上。因此，今天在《增广贤文》中，人们才能找到不少与天人之学有关的条文。

# 第一节　明分位

　　在天人之学的整体视野中，"人生最为理想的境遇，莫过于德、位、时三者的奇妙会合。时是一种遇，位也是一种遇，因此，三者的会合，实际上也可简称为德与时的会合，抑或德与遇的会合"[②]。所谓"德"，就是依靠克己复礼、迁善改过等来涵养的德行。《周易·损卦》曰："君子以惩忿窒欲。"意思是，要想迁善改过，人们不仅需要克制愤怒，还需要限制自己的欲望。可见，《周易》的作者提倡迁善改过，希望人人都能成为"与天地合其德，与日月合其明，与四时合其序，与鬼神合其吉凶"（《周易·乾文言》）的人。所谓"位"，就是位置，具体表现为爻位和阴阳。

　　在《周易》中，当位则吉，失位则凶。以今人的眼光视之，所谓

---

①　朱熹.周易本义[M].廖名春，点校.北京：中华书局，2009：257.

②　王新春.《周易》时的哲学发微[J].孔子研究，2001（6）：38-46，74.

"位"就是个体在社会中所处的位置以及其由此而产生的权利和义务。在今天，权利和义务又集中体现在道德和法律中。张文显认为，"法是以权利和义务为机制调整人的行为和社会关系的"①。法律又是道德的载体，是维护社会秩序、维护公序良俗的手段。张千帆认为，"政治与法律制度只是实现某种道德理想的工具，或人类道德生活的延伸"②。因此，所谓"当位"，就是知法、懂法，进而守法，就是自觉遵循道德。如果一个人遵守道德、遵从法律，就会降低陷入囹圄之概率。所谓"失位"，就是漠视道德、践踏法律。要是个体不守道德、漠视法律，就会有身败名裂的危险。所谓"时"，就是个体的客观境遇与主观情势，就是一物的遭际。对"时"的解释容后再叙，在兹不赘。

在《增广贤文》中，天人之学讲求分位的思想确有不少体现。例如，"力微休重负，言轻莫劝人""小时是兄弟，长大各乡里""但能依本分，终须无烦恼"等。这些条文都要求人们找到自己的分位，承担起自己应尽的责任。原因是在社会中，只有找准分位，人们才能逢凶化吉。

## 一、穿衣打扮看身份

服装不仅具有御寒的功能，而且具有装饰作用。在历史上，随着社交活动的出现，服装的功能就从御寒扩展到彰显身份、地位、个性、美观上面。于是，在打扮时，人们就要考虑厚薄、男女、场合、关系等因素，以免失礼。在唐代，女性着装也有颇多讲究，"按穿着场合与用途的不同，主要分为常服、礼服和特殊着装三类。常服是妇女平常穿着的服装，以襦裙装为主；命妇出席重要场合时穿礼服；此外，还有歌舞乐伎穿着的舞衣、贵妇骑马外出穿着的胡服以及女着男装等特殊着装"③。

---

① 张文显.法理学[M].5 版.北京：高等教育出版社，2018：128.

② 张千帆.为了人的尊严：中国古典政治哲学批判与重构[M].北京：中国民主法制出版社，2012：4.

③ 汪辉秀.浅议中晚唐时期女性服饰[J].巴蜀史志，2022（4）：82-87.

再有，在古代，明黄色的服饰只有皇家才能穿，普通人不能穿，否则就会受到处罚。于是，讲究服装穿着要看身份和场合的思想既成为服饰文化发展的必然要求，也必然会对《增广贤文》的编纂者产生影响。因此，才会有"有才堪出众，无衣懒出门"的说法，意在倡导人们穿衣打扮要看身份和场合。只有打扮合体，符合礼仪的要求，才会给对方留下良好的印象。《增广贤文》中的"贞妇爱色，纳之以礼"，讲的就是男女交往应该合乎礼仪。

在当今社会，人们在穿衣打扮时，不仅要符合自己的身份，还要注意场合。举例来说，如果穿上运动服去参加晚宴，那肯定不合时宜。同样的道理，如果穿着西服去踢足球，那肯定也是不符合场合了。再者，如果一个人衣冠不整，就会被其他人瞧不起。另外，中国人讲究量体裁衣、量力而行，反对浓妆艳抹，喜欢"清水出芙蓉，天然去雕饰"的自然美。可见，在仪表方面，端庄大方、穿着合体才是最重要的。即使家里经济条件不好，人们在穿衣打扮时也要干净整洁，绝不能邋遢，就像《增广贤文》里面说的那样："穷要穷得干净。"

## 二、把握距离和分寸

在与他人的交往中，除了要穿着得体，人与人之间还需保持适当的距离。正所谓"距离产生美"。在日常生活中，"只有遵守了礼貌原则，才能很好地保持和维护一定的交际距离，从而有效地完成交际行为"[①]。反之，如果朋友间太过亲近，侵犯了对方的隐私或者增加了对方的经济负担，就会让人讨厌。可是，如果朋友间太过疏远，长时间缺乏来往和交流，也会使感情淡漠。可见，保持恰当的社交距离，是维系良好人际关系的有效途径。社交距离的调整又是变动不居、双向互动的，"会随着

---

[①] 胡芳毅.话语交际中的礼貌原则与交际距离[J].常德师范学院学报（社会科学版），2001（2）：98-99.

对象、内容、态度的改变而不断调整"[1]。

既然交际距离非常重要，那么，距离的合理限度就应该明确。这一距离应该既有利于保护彼此的隐私，又有利于维护双方的利益。如果违反了这一原则，人们就会越过别人的底线，也就会给自身招来不必要的麻烦。如果距离调整不当，即使是在亲人、亲戚之间，也会出现"相见易得好，久住难为人"的情况。可见，人们只有在与人交往时保持恰当的距离，才有利于维持良性的人际关系。

在社会交往中，人们要明白自身的实际情况，说话做事要符合身份、场合，原因是"力微休负重，言轻莫劝人"。例如，在请人吃饭时，人们应该根据身份、辈分和地位等因素，妥善安排座位；在照相时，要把最尊贵的客人安排在前排中间，原因是中国人做事喜欢讲求位次，以中为贵。因此，人们要按照天人之学的要求，说话做事把握好距离和分寸，不走极端。在与人打交道时，如果不注意把握距离和分寸，就很可能会自取其辱。

在交际过程中，除了保持距离，有时还会饮酒。在谈到饮酒的正面作用时，人们常用"无酒不成宴"来说明酒在活跃气氛、拉近距离等方面的价值。进而，"中国人把'酒以饮用'的物质形态升华为'酒以成礼'的精神形态，通过健康、文明、高雅的饮酒方式彰显寄情于酒的中国风俗、酒香诗美的中国风流、君子之品的中国风度、礼仪之邦的中国风范"[2]。可见，饮酒的价值已经从饮食层面升华到礼仪、气度、诗文等层面，酒文化也就应运而生了。

受到酒文化的影响，《增广贤文》在多处说明了饮酒的益处，如"醉后乾坤大，壶中日月长""有花方酌酒，无月不登楼""三杯通大道，一

① 赵博文.交际距离的调整及语法表现：以新闻发布会答记者问为例 [J].华北电力大学学报（社会科学版），2022（2）：117-125.

② 崔利.彰显中国风俗、中国风流、中国风度、中国风范的中国酒文化 [J].酿酒，2023，50（6）：127-131.

醉解千愁""遇饮酒时须饮酒，得高歌处且高歌"等。在新时代，酒类从业人员和消费者"应从提高酒文化传承与发展的重视度、做好酒文化传承与发展的顶层设计、丰富酒文化传承与发展载体、拓展酒文化传播渠道等方面来传承和发展中华优秀酒文化"[①]。可是，饮酒不止具有正面作用，还可能产生不良后果。

一旦一个人嗜酒如命，就会给自己带来麻烦。在民间，宋代和尚佛印才会用"酒是穿肠毒药，色是刮骨钢刀，财如下山猛虎，气是惹祸根苗"（《酒色财气歌》）的诗句，形象地说明人们沉湎酒色财气的危险。在《三国演义》中，有不少贪杯误事的例子。例如，酗酒是曹植失宠的重要原因。如果曹植稍加收敛，就不会被曹操放弃，更不会被曹丕迫害了。曹植被美酒控制，正是儒家所担心的。荀子说："君子役物，小人役于物"（《荀子·修身》）。大意是说，君子能够役使外物，而小人会被外物控制。受此观念影响，《增广贤文》也提醒人们嗜酒的危害，如"清清之水，为土所防；济济之士，为酒所伤"。所以，尽管美酒飘香，人们也不可饮酒过量。

如果一个人被美酒控制，就跟马克思所说的异化有共通之处了。在《1844年经济学哲学手稿》中，马克思谈及了资本、劳动产品等因素对劳动者的支配，张雷声将马克思的这一思想称为异化劳动论。尽管"异化劳动论还未能弄清楚劳动与价值的内在联系，未能从总体上科学地把握资本主义经济关系"[②]，但是，异化思想可以为人们分析酒文化提供研究范式。酒是人类的创造物，如果一个人被酒控制，就是马克思所说的异化了。在今天，人们研究酒文化，要把天人之学中的分位与马克思主义哲学中的适度原则结合起来，说明适度饮酒有益健康，过量饮酒伤身败德。作为具有道德自觉的主体，人们应该挺立起生命的主体性，坚决反对酗酒。

---

① 刘利.新时代中华优秀酒文化的传承和发展路径研究 [J].酿酒，2022，49（2）：44-49.

② 张雷声.从异化劳动论到剩余价值论：马克思经济思想的科学变革 [J].马克思主义研究，2022（3）：1-8，155.

### 三、说话得体显智慧

以明分位为指导,在与他人交往时,除了穿着得体、距离合适,人们还要会说话。要阐释会说话,既可以从天人之学的视角入手,又可以从交际逻辑的角度着眼。

在先秦典籍中,《周易》"通过拟物取象、观象设辞而具有丰富的符号学思想,而易学本身也是一个完备的符号系统"①。在易学符号系统中,人们可以根据形式的差异,细分出文字系统和符号系统。文字系统以卦辞、爻辞、象辞和象辞等为代表;而符号系统则以阴爻、阳爻为基础,又由爻象、卦象等构成。王弼在《周易略例·明象》中说:"夫象者,出意者也;言者,明象者也。尽意莫若象,尽象莫若言。言生于象,故可寻言以观象;象生于意,故可寻象以观意。"王弼的解易思路可以概括为"先玩索卦爻辞,以解读出卦中所表征、蕴示的卦爻之象,既解读出卦爻之象,随即暂时忘掉卦爻辞而专注于卦爻之象;继之再契会卦爻之象,以解读出其所透显的义理,既解读出义理,随即又暂时忘掉卦爻之象而专注于义理。解读、把握到了义理,契会、解读《易》的最终目标即算达到了"②。受到王弼易学诠释学的影响,人们在解读语言时,就不能只停留在表面意义,要能够理解深层意义。要解释说话,除了天人之学的视角,还可以从交际逻辑的视域来进行。

从逻辑上看,说话实质上是一种生成言语和解释言语的交际行为。

首先,要成功交际,说话人(即说者)和听话人(即听者)既要自觉遵循矛盾律、排中律和同一律的规范要求,又要了解语境。例如,"做人要表里如一",谈的是为人处事要自觉遵从矛盾律,不可自相矛盾。又如,"说话要立场鲜明,不可各打五十大板",讲的是说话要自觉遵照排

① 　祝东.拟诸形容,象其物宜:易学符号思想研究的回顾与反思[J].符号与传媒,2012(2):115-123.

② 　王新春.易学与中国哲学[M].北京:人民出版社,2012:265.

中律的要求。再如，"话不在多，要说到点上"，说的就是生成言语要自觉遵循同一律，做到言简意赅。

其次，说话除了要遵循逻辑思维的基本规律，还要遵循语言逻辑的要求。研究语言交际的逻辑被学界称为现代语言逻辑，现代语言逻辑又包含句法学、语义学和语用学三大领域。在句法学中，逻辑要研究的是语言符号的空间排列关系。在汉语中，语言符号就是以横、竖、撇、捺等为代表的笔画。以汉语为例，"土"和"士"这两个字都由两横一竖组成，但是，因为排列关系不同，两个字才分别具有自己的独立性。在语义学中，逻辑要探讨的是符号与所指称对象之间的关系。例如，"小鸟"一词往往指的是小型的鸟类。在这个例子中，"小鸟"就是语言符号，而小型鸟类就是这一符号所指称的对象。继而，语用学探究的是符号和符号使用者之间的关系。在交际过程中，符号的使用者和语境都会影响话语的意义。例如，老李说："冬天穿短袖，也是不错的选择。"在华南地区，这句话可能是真话；但是，在西北、东北和华北地区，它就必然是假话。穿短袖这个例子虽然简单，却说明了语境对话语意义的影响。再有，语句的意义之所以能够被人理解，就是因为它具有解释功能。从过程上看，"语句的解释功能以反映实在的重要参数为基础，通过定向和调节功能实现"[①]。虽然语用学由西方发端，可是，中华优秀传统文化中依然能够找到它的诸多表现。

## （一）间接言语行为

在中华文化绵延不绝的古代，语用学处于"百姓日用而不知"（《周易·系辞传上》）的地位。在今天，要弘扬中华优秀传统文化，人们就必须发掘中华语用学要素，建立中华语用学自主知识体系，并最终完成中华语用学的建构工作。在中华语用学中，人们要关注言语行为理论，特

---

[①] 李洪儒. 语用学与情态范畴 [J]. 外国语文，2023，39（5）：29-38.

别是间接言语行为，原因是在间接言语行为方面，能够找到丰富的素材。例如，人们常说"锣鼓听声，说话听音"，意思是说话不但要注意用词，还要注意语气、语调。

作为语言共同体的成员，个人既具有生成或解释言语的前见和能力，又能够赋予或理解言语的字面意义和隐含意义。在交际过程中，"听话人在接收到一个词后，会对这个词进行解码以获得词汇意义，并将这个词汇意义作为线索推导出说话人的意义"[①]。可见，说话实质上是说话人生成言语和听话人解释言语的互动过程。一方面，在生成言语时，说话人要考虑双方的身份、地位、场合等语用要素，往往需要委婉表达自己的意思；另一方面，在解读言语时，听话人只有充分考虑各种语用要素，才能确切获得说话人的真实意义。因此，所谓间接言语行为，就是说话人依托话语的字面意义，委婉表达隐含意义；听话人结合语境，透过字面意义，获得隐含意义，从而完成交际的过程。例如，楚庄王打算用大夫的礼节来埋葬马匹，还下令不准臣下进谏。优孟以退为进，建议国王用君王的礼节来葬马。楚庄王理解了优孟的言外之意，就改用正常的礼节来葬马。

### （二）主体间性与合作原则

在语言交际逻辑的视角中，说话涉及言语生成主体和言语解释主体，是双向互动的、具有主体间性的过程。所谓主体间性，"指的是两个或多个主体之间通过互动和对话形成互识，并在彼此沟通和理解的基础上达成共识，最终实现主体与主体之间的和谐与统一"[②]。在主体间性的视域中，说话即是生成言语者产生言语，接受言语者解释言语的交往行为。

① 　徐慈华，严小姗.语言隐喻的认知博弈论语用学分析 [J].逻辑学研究，2023，16（2）：1—15.

② 　杨国栋.主体性、主体间性与共同主体性[J].南京艺术学院学报（音乐与表演版），2023（4）：41—47.

可见，语言作为交往行为，是以说者和听者各自具有主体性为基础的。哈贝马斯（Habermas）说："语言是一种交往媒体，它用于沟通，而行为者通过相互沟通现实行为的协调一致，追求各自的目标。"[①] 如果将语言这一交往媒体用于沟通，不仅要追求说者与听者之间的协调一致，还需满足说者和听者各自追求自身目的的需要。因此，交往行为的目的是"通过对话达到人们之间的相互理解和协调一致"[②]。

既然要达到协调一致，说者和听者就不仅要具备必要的前见，还要遵循合作原则。从操作上看，合作原则又可细分为定量、定性、关联和方式四大原理。定量原理是指说话人向听话人提供的信息要恰到好处，多了或少了都会影响交际效果。在《增广贤文》中，"一言不中，千言无用"就反映了合作原则中的定量原理。定性原理是指说者要向听者提供对方所需要的信息，不可偷换概念、混淆概念、偷换论题。关联原理是指说者和听者之间应该良性合作，不可跑题、打岔。方式原理要求说者在生成言语时，要清楚明白、条理清晰、简明扼要。

在交际过程中，说者和听者都要遵循合作原则，秉持"责人之心责己，恕己之心恕人"的态度。在《增广贤文》中，合作原则也有颇多体现。例如，"酒逢知己千杯少，话不投机半句多"就说明了听话人解读说话人言语的复杂性；"酒逢知己饮，无古不成今"的意思是说，只有听话人具备理解说话人语义的前见和能力，才能使交际顺利完成；而"知己知彼，将心比心"不仅点出了人与人之间心意相通的可能性，还为合作原则的实现提供了可能性。

### （三）礼貌原则

在交际过程中，说话人有时会违反合作原则，原因是要遵循礼貌原

---

① 哈贝马斯.交往行为理论：行为合理性与社会合理化[M].曹卫东，译.上海：上海人民出版社，2004：101.

② 王凤才.哈贝马斯交往行为理论述评[J].理论学刊，2003（5）：38-41.

则。就具体落实来说，礼貌原则又可以细分为得体、慷慨、同情、谦逊等。在礼貌原则方面，《增广贤文》亦有诸多表现。

所谓得体准则，就是要在交际过程中有意抬高他人。就得体准则而言，中国文化有突出表现。比如，在满月的宴席上，来宾夸奖小孩聪明、漂亮、可爱，就会得到主家的感谢；反之，如果来宾表示孩子早晚会生病、迟早会死，则会激起主家的愤怒。因此，在说话时，人们应该本着仁爱之心，做到《增广贤文》所说的"隐恶扬善，执其两端"。

就慷慨准则而言，就是要求说话人在交际过程中自觉地让别人受益。儒家文化讲求仁爱之心，提倡"己所不欲，勿施于人"的交往原则，这一原则的"基本精神和实际效果上是一致的，区别只是着眼点或出发点有所不同。后者是以自我的权利为中心和出发点，前者则着眼于对方的立场，方向虽然相反，但都可以为公民的人格和权利提供有效的保障，都体现了人人平等的基本精神"①。从理念上看，儒家倡导的交往原则与交际逻辑中的慷慨准则不无英雄所见略同之处。

在慷慨准则的影响下，《增广贤文》编纂者在编选时选入了"好言难得，恶语易施""忠言逆耳利于行，良药苦口利于病""杀人一万，自损三千；伤人一语，利如刀割""利刀割体伤易合，恶语伤人恨不消"等条文。即使是在今天，人们也能在阅读这些条文时，感受到《增广贤文》编纂者渴望说者自觉遵循慷慨准则，以便实现成功交际的良苦用心。

同情准则也是礼貌原则的组成部分，它要求说者在表达时尽量与听者的感情保持一致。就同情准则而言，中国文化也有不少表现。例如，人们常把人的死亡称为驾鹤西游，把生病死亡称为病故。同情准则在《增广贤文》中也有具体表现。例如，"好言易得，恶语难施"是提醒说话人在生成言语时要尊重别人，避免出口伤人，原因是"伤人一语，利如刀

---

① 　白奚，蔡清生．忠恕之道：普遍伦理及全球价值的发展动向[J]．探索与争鸣，2000（5）：31-33．

割"。为了提醒说话人自觉遵守同情准则，该书又说："利刀割体痕易合，恶语伤人恨不消。"此外，该书用了"杀人一万，自损三千"的形象比喻，说明了如果说话人违背同情准则，就会给交际过程造成巨大损害。

在礼貌原则中，谦逊准则要求说者贬低自己、夸赞他人。就谦逊准则而言，儒家文化提倡"惟德动天，无远弗届。满招损，谦受益，时乃天道"（《尚书·大禹谟》）。大意是说，只有修德才能感动上天，即使距离遥远，也能达到目的。自满招来损失，谦虚带来利益，这是天道的规律。《周易·序卦传》也说："有大者，不可以盈，故受之以《谦》。"谦虚会给人们带来利益，自满会给人们招来损失。就像容器有空隙，才能容纳他物；如果容器已满，就无法容纳物品了，这是事物的客观状况。受儒家谦虚内守文化的影响，《增广贤文》提醒人们："强中自有强中手，恶人须用恶人磨。"

在语用学中，中国人还注重听话人的身份。为了保守秘密，人们需要选择恰当的交际对象。在说话做事时，要注意保密，原因是"墙有缝，壁有耳"。《易传·系辞传上》说："君不密则失臣，臣不密则失身。"意思是说如果一个人做事不周密，就会给自己带来失去部属、丢掉性命一类的严重后果。受关注听者身份思想的影响，《增广贤文》收录了"人生不语，水平不流""有钱道真语，无钱语不真；不信但看筵中酒，杯杯先劝有钱人"等条文。

由此可见，说话真是一门学问，值得人们细细体味；《增广贤文》所反映出来的中国语用要素也值得今人仔细体会和认真研究。在生活节奏日益加快、知识急剧爆炸、信息严重过载的今天，中国人要想提高自身交际的能力和水准，就应该熟读《增广贤文》，以便学习其中的语用智慧。

## 四、守本分知足常乐

做人要明分位，还要守本分。在守本分思想的影响下，《增广贤文》

说："良田万顷，日食一升；大厦千间，夜眠八尺。"因此，在人世间，人们应该看轻钱财、名利等身外之物，重视身体健康、家庭幸福，原因是"万金良药，不如无疾"。

要守本分，就要知道自己的位置。作为与天地参的主体，每个人都应该认识到自己生命的主体性。《周易·颐卦》初九爻云："初九，舍尔灵龟，观我朵颐，凶。"这一爻的意思是说，每个人的生活境遇不同，做人应该有自己的主见。以人事而言，如果一个人一味追求肉体感性生命的满足，就很可能会陷入凶险的境地。原因是物欲是人的动物属性的体现，人困于物欲就会失去人之为人的本质。因此，"逐于物质名利是人自贱自欺的行为，同时也是对天地的贬低"[1]。人们应该知道自身的本分何在，还要做好自己的本分。

既然做人应该守本分，那么人就要有定力。虽然人们的生活千差万别，可是"他人睆睆，不涉你目；他人碌碌，不涉你足"。只要过好自己的生活，做好自己的本分，就可以问心无愧了。即使面对"自家心里急，他人未知忙"的情况，人们也要保持镇定，不能打乱自己的工作节奏。对普通人来说，只要做好自己的本职工作，过好自己的日子，就是最大的成功。所以，《增广贤文》之中才会有"莫笑他人老，终须还到老；但能依本分，终须无烦恼""急行慢行，前程只有许多路；逆取顺取，命中只有许多财"等条文。

要守本分，就要做好自己的本职工作。如果一个人想要拥有良好的人际关系，就不能遇事推诿、搪塞。因此，人们要记住"无求到处人情好，不饮从他酒价高"。如果有人忘记"山高不算高，人心比天高"，那么就容易出现"心比天高，命比纸薄"的情况。在北宋初年，赵匡胤做了皇帝，他的亲信们也都享受了荣华富贵。为了能够让皇帝安心，石守信等人主动交出兵权来保命。如果石守信等人继续把持军权，就会招来

---

[1] 蔡杰.儒家人本理念的伦理性与超越性论析[J].北京理工大学学报（社会科学版），2021，23（3）：173-180.

皇帝的猜忌，甚至有可能丢掉身家性命。所以，要守本分，一个人就应该适可而止。

要守本分，人还要时时自我反省。《周易·乾卦》说："君子终日乾乾，夕惕若厉，无咎。"意思是说君子只有白天勤奋学习、工作，晚上也反思自我、保持警惕，才能免除祸患、获得成功。所以，古人提出"明枪易躲，暗箭难防"的警告，提醒后人要居安思危、勿忘自我保护。

总之，人生不如意事，十有八九。面对坎坷和磨难，人们要有乐观向上的良好心态。对于此种境遇，《增广贤文》提醒后人说："但能依本分，终须无烦恼。"即便面临"你急他未急，人闲心不闲""是亲不是亲，非亲却是亲"的情况，也莫要着急，莫要心慌，只要做好自己的本分，就会平安顺利。

在天人之学中，除了明分位，还有讲中正。就二者关系而言，明分位是讲中正的基础，讲中正是明分位的结果。因此，在天人之学的视域中，如果人们要学会处世之道，就要在明分位之后继续落实中正之道。

# 第二节　讲中正

天人之学讲求中正的思想对国人产生了很大影响，《增广贤文》的成书自然也受其影响。在《增广贤文》之中，可以找到很多讲求中正的条文。例如，"在家不会迎宾客，出门方知少主人"；又如，"宁可正而不足，不可邪而有余"；再如"宁向直中取，不向曲中求""人有善愿，天必从之""慈不掌兵，义不掌财"等。

## 一、心态平和看长远

在儒家看来，人与人之间的交往，要有仁爱之心。儒家的"仁"不只是"人们处理血缘亲属间关系的根本准则，也是处理社会上一切人际关系的共同准则"①。生活在人世间，作为肉体感性生命的人们一方面不得不生活在实然层面，另一方面又要了解何为人生应然。人生的实然层面需要人们冷静客观地看待人生，人生的应然层面又要求人们讲仁爱、具备古道热肠。因此，人们应该效法天人之学中的刚柔并济之道，将立足现实与胸怀理想结合起来。一方面，要立足现实，知道"人心不同，各如其面"，明白人们之间难以避免利益上的差别和冲突；另一方面，又要心怀仁爱，时时不忘实现人生应然。

以人生应然为指引，人们就可以把脚踏实地和仰望星空完美结合起来。在与陌生人交往时，一方面要冷静客观，不做迂夫子，不能对别人抱有过高的期望。《增广贤文》说："宁可负我，切莫负人。再三须重事，第一莫欺心。"如果碰到别人不理解自己的情况，要学会换位思考、将心比心，不要一味哀叹"知我者，谓我心忧；不知我者，谓我何求"。另一方面，即使是与陌生人打交道，人们在做事时也要力求中正，时刻保持平和心态。即使面对流言蜚语，也要相信"路遥知马力，日久见人心"，不要害怕"一人传虚，百人传实"。尽管有人哀叹"世事明如镜，前程暗似漆"，可是也不应该怨天尤人、失去信心。原因是"无平不陂，无往不复"（《周易·泰卦》）乃是天道。物极必反的道理也体现在《剥卦》中。

《周易·复卦》云："复，其见天地之心乎？"朱熹解释说："积阴之下，一阳复生，天地生物之心几乎灭息，而至此乃复可见。在人则为静极而动，恶极而善，本心几息而复见之端也。"② 就人道而言，动从静中产生，又象征着浪子回头，就像人的本心即使晦暗许久也终会再次出现。可见，即使事情已经坏到了极点，也迟早会向好的方向转化。就像电视剧《上海一家人》的片尾曲里面唱的那样："要生存，先把泪擦干，走过去，前面是个天！"所以，人生既不会有永远的顺境，也不会有永远的

① 王晓霞.儒家文化中的人际关系理论 [J].道德与文明，2000（5）：45-47，58.
② 朱熹.周易本义 [M].廖名春，点校.北京：中华书局，2009：110.

逆境。在面临逆境、失利等人生的波折时，人们可以用"急行慢行，前程只有多少路；逆取顺取，命中只有许多财"来开导自己。

在与陌生人交际时，还要学会着眼长远。在儒家看来，人与人之间不仅应该仁爱，还要秉持"己所不欲，勿施于人"的宽容精神。因此，在做好事时，人们不要急功近利，担心别人不会马上给你正面评价，原因是"一人道好，千人传实"。只要坚持自己与人为善的行事风格，就一定会赢得众人的好评，也一定会迎来辉煌的明天。

即使是在人生的低潮时期，人们也要坚持自己的理想和抱负，要相信"黄芩无假，阿魏无真"。如果因为一时的失意放弃了努力，就一定会失去光明的前途；反之，如果有百折不挠的勇气，就一定会迎来美好的未来。

以讲求中正的思想为基础，人们还要懂得中庸之道。《中庸》载："喜怒哀乐之未发，谓之中；发而皆中节，谓之和。""不偏之谓中，不易之谓庸。中者，天下之正道；庸者，天下至正理。"大意是说，喜怒哀乐之情未表现出来时，是不偏不倚的，所以是"中"。不偏不倚即是"中"，不能改变就是"庸"。中庸之道是天下的正道、正理。可见，中庸就是不偏不倚，恰到好处；"过与不及，都不适度，也是失中"①。程颢认为，中庸就是要求人们找到自身在天地间的适切定位。他说："'中者，天下之大本'。天地之间，亭亭当当，直上直下之正理，出则不是，唯敬而无失最尽。"② "中"实乃天地间的正理，做人应该循顺天理，自觉遵循中庸之道。朱熹说："中庸者，不偏不倚，无过不及，而平常之理，乃天命所当然，精微之极致也。"③ 因此，中庸不是和稀泥，也不是模棱两可。如果一个人能够善用中庸之道，就会在说话做事时不走极端。

---

① 张立文.朱熹思想研究[M].北京：中国社会科学出版社，2001：289.
② 程颢，程颐.二程集[M].王孝鱼，点校.北京：中华书局，1981：135.
③ 朱熹.四书章句集注[M].北京：中华书局，1983：18.

## 二、恰到好处不极端

在儒家看来，做事要执两用中，不可走极端。所以，为人处世要见好就收。例如，去别人家做客时，即使双方相谈甚欢，也要考虑对方的感受，不可影响对方休息。如果一个人不懂得"得休便休"，就会给自己带来厄运。据说，《增广贤文》中的"白水变酒卖，还嫌猪无糟"这个条文来自下面这个故事。

据传，某地有个孤苦无依的陈婆婆，靠卖自家水井里的甜水为生。有一天，铁拐李化作一个腿上生着恶疮、走路一瘸一拐的老乞丐来此乞讨。别人家都拒绝老乞丐进门，只有陈婆婆热情接待老乞丐，还请医生给他治病。老乞丐对老婆婆非常感激，问她有什么心愿。陈婆婆说："我是一个孤苦无依的老婆子，只要卖水的钱能够让我填饱肚子，我就很开心了。"听完她的话，老乞丐就拿出随身携带的酒葫芦，倒了几滴酒在水井里，把它变成了酒井。从此，老婆婆每天都可以从水井里打出美酒来卖钱。

三年之后，老乞丐又来到老婆婆家，问她这几年过得怎么样？老婆婆说："自从我可以卖酒后，日子就好过多了。只是水井里只能打出酒，没有酒糟。我养的几头猪没有吃的，你能否再帮我一把？"老乞丐听完后感叹说："山高不算高，人心比天高。白水变酒卖，还嫌猪无糟。"说完后，他把酒井又变回了水井。

可见，做人不能贪得无厌。《增广贤文》也提出"受恩深处宜先退，得意浓时便可休"，提醒人们要学习急流勇退的范蠡，万万不可模仿贪恋富贵的文种。做人应该居安思危，时刻保持"念念有如临敌日，心心常似过桥时"一般的冷静。所以，在生活中，人们要有"得宠思辱，居安思危"的清醒。

此外，在社会生活中，讲中正就表现为说话做事要留有回旋余地，不可把话说绝，不能把事做绝。《增广贤文》中的"十分伶俐使七分，常留三分与儿孙；若要十分都使尽，远在儿孙近在身"讲的就是这一意思。《周易》里讲"无平不陂，无往不复"，意思是说事情发展到极端一定会向相反方向转化。即使你倒霉到了顶点，也不要灰心，因为事情已经坏到了极点，就一定会向好的方向转化。人们常讲沧海桑田，意思是今天的高山可能是过去的海洋。例如，在喜马拉雅山上，人们发现了一些海里才会有的贝壳化石，说明该地曾经是汪洋大海。

### 三、义利关系要分清

如果要讲中正，就得正确处理义利关系。孔子以"君子喻于义，小人喻于利"（《论语·里仁》），揭开了儒家对于义利的分辨。在和梁惠王谈论时，孟子明确说："王，何必曰利？亦有仁义而已矣。"（《孟子·梁惠王上》）在孟子看来，仁义具有优先于利的价值排序。《大学》中说："生财有大道，生之者众，食之者寡，为之者疾，用之者舒，则财恒足矣。仁者以财发身，不仁者以身发财。"大意是说，要避免钱财的匮乏，就要广开财路，还要节流。有仁德的人以钱财来养身，不仁不义的人借由伤害身体来聚敛财富。其后，董仲舒提出"明其道不计其功，正其义不谋其利"（《汉书·董仲舒传》），继续强调义利之间的张力。朱熹将义利与天理、人欲联系起来，说："仁义根于人心之固有，天理之公也；利心生于物我之相形，人欲之私也。循天理，则不求利而自无不利；殉人欲，则求利未得而害已随之。"[①] 意思是说，仁义是人固有的，表现为天理的公心；利心产生于人禀气化生之际，展现为人欲的私心。如果人们遵循天理，就可以不必求利而获得利益；要是一个人被人欲控制，就会出现求利不得反受其害的情形。因此，要明辨义利，"先要明理，义理明则利害自明。否则用心专主于功效利害上，设教即成设伪教，劝善即不免为

---

① 朱熹.四书章句集注[M].北京：中华书局，1983：202.

劝恶，而士庶并受其诬"①。值得一提的是，朱熹存理灭欲的对象是以皇帝和宰相为代表的政治家阶层。朱熹认为，只有政治家辨明义利并且为民众做出道德表率，才配拥有高高在上的权位。如果政治家能够明辨义利、型范天下，就能出现仁政。此外，"重义轻利也是儒家中庸思想的必然要求"②。总而言之，既看重财富的来源，又不否认理财的必要性，是儒家财富观的核心要义。可见，儒家并不反对勤劳致富，只是反对见利忘义，反对做金钱的奴隶。

在儒家财富观的影响下，《增广贤文》的编纂者既看重义利之分，又不否认财利的价值。在义利关系上，《增广贤文》说："礼义生于富足，盗贼出于贫穷。"由于受到《大学》财富观的影响，《增广贤文》的编纂者在书中收录了"欲求天下事，须用世间财。富从升合起，贫因不算来""君子爱财，取之有道""人无横财不富，马无夜草不肥""慈不掌兵，义不掌财""钱财如粪土，仁义值千金"等条文。由此可知，既重视财富的来源，又注重理财的必要性，也是《增广贤文》编纂者的财富观。

金钱是维持生活的必需品，一旦离开钱财，人们的生活就会非常不便。因此，民间才会有"金钱不是万能的，没有金钱却是万万不能的"的说法。为了过上理想的生活，很多人就会拼命追求利益。于是，司马迁才会说："天下熙熙，皆为利来；天下攘攘，皆为利往"（《史记·货殖列传》）。可是，如果人们把赚钱当作人生唯一目的，就可能被金钱控制，与他人发生诸多争斗。面对此种惨状，人们才会有"人为财死，鸟为食亡"的感叹。

为了使亲情不被金钱所玷污，中国人常说"亲兄弟，明算账"，更有"亲戚不共财，共财两不来"的俗语。因此，即使是亲戚、朋友之

---

① 闫雷雷.朱子设教思想在士庶中的一贯性：以义利之辨为角度[J].现代哲学，2023（2）：138-146.

② 苗润田."放于利而行多怨"：儒家义利学说再探讨[J].哲学研究，2007（4）：45-50.

间的金钱往来，也要账目清楚。对此，《增广贤文》的编纂者也深有感触，收录了"人亲财不亲，财利要分清""有福伤财，无福伤己"的谆谆告诫。

在人际交往中，要钱财清楚，原因是"酒中不语真君子，财上分明大丈夫"。面对利益，一般人往往会见利忘义。因此，《增广贤文》中才会有"求财恨不多，财多害自己"的告诫。面对飞来的横财，如果人们不能善加利用，就会给自己带来灾难。尽管有"人无横财不富，马无夜草不肥"的情况，人们也要牢记"君子爱财，取之有道"的训诫。

其实，金钱只是人们过好生活的工具。世人都爱财，不同的是，有的人能够善用钱财，把它变成造福社会的工具；有的人却把赚钱作为人生目的，或者变成了守财奴，或者走入歧途。儒家提倡义利之辨，反对唯利是图；推崇富而好礼，反对见利忘义。如果富人能够推己及人，让身边的朋友都发财致富，就可以算是君子了。原因是只有君子才能不被钱财所控制，发挥钱财的正面作用。所以，《增广贤文》才会告诫人们说："磨刀恨不利，刀利伤人指。求财恨不多，财多害自己。"

因此，只有遵循"合理可作，小利莫争"的教诲，牢记"君子爱财，取之有道"的古训，人们才能树立正确的财富观。倘若确立了正确的财富观，就可以变成"贫而无谄，富而不骄"的人了。一旦有了正确的财富观，无论你是贫穷还是富裕，无论你是健康还是生病，都可以活得快快乐乐。如果你是个富人，那就要在满足自己的日常生活需要之后，多做善事、行善积德，让身边的人都变得快乐起来。如果你是个普通人，就要习惯量入为出、简单轻松的快乐生活。反之，如果没有正确的财富观，即使家财万贯，你也不会感到快乐、满足。

## 四、冷静制怒显涵养

作为七情之一，愤怒"是一种不可忍受的负性情绪，对人的健康危害极大"①。从医理上看，发怒"会使精神进入紧张状态，大脑皮层高度兴奋，血管收缩，血压上升，脉搏加快，脸色青白"②。对健康状态参差不齐的人，发怒也会有程度不一的影响：如果本来就患病的人发怒，就会加重病情，甚至会有生命危险；如果本来没有疾病的人发怒，也很有可能发生意外。让人慨叹的是，"古往今来，因怒误事误国之例甚多"③。按《三国演义》中情节，王朗和周瑜都被诸葛亮生生气死；君不见，金兀术暴怒不已，被活活气死；君不见，杨志一怒之下，杀死泼皮牛二，最终被逼上梁山。因此，置身于由利益不同、性格各异的个体组成的人类社会，人们应该学会控制自己的愤怒。

能控制自己的愤怒不仅反映了一个人的涵养和肚量，还是其道德修养水平的表现。在谈及颜回时，孔子用"不迁怒，不贰过"（《论语·雍也》）来赞扬颜回。可见，如果一个人既不迁怒别人，又不诿过于人，就是贤人了。如果人们能够控制自己的愤怒，就能避免因一时之气而造成难以挽回的后果。

所谓控制自己的愤怒，就是压制自己的脾气，避免伤人害己的情绪管理方式。要做到控制自己的愤怒，人们就得加强自身的道德修养，提高自控能力。《增广贤文》的编纂者也认识到了怒气的危害，劝告人们"息却雷霆之怒，罢却虎狼之威"。要控制自己的愤怒，人们就要学会"忍得一时之气，免得百日之忧"，牢记"忍一句，息一怒，饶一着，退一步"。即使在怒不可遏时，也要想到"平生只会量人短，何不回头把己量"。因此，在与人发生矛盾时，人们可以采取避开刺激环境、转移注意力、与他人交谈、自我激励等方法，来克制自己的怒气。进而，"一个人如果能做到宽怀大度，养心制怒，自然就能远离是非，无忧无虑，度过

① 马作峰，姜瑞雪，王平，等.《内经》制怒方法初探 [J].中国中医基础医学杂志，2011，17（2）：149-150.

② 倪合一.心疗首重制怒 [J].家庭中医药，2005（1）：35-36.

③ 陈齐放，余怀明."制怒"辩 [J].领导科学，2000（11）：50.

逍遥自在的人生"①。

# 第三节　倡变通

要过上快乐的人生，除了懂得中正之理，还要懂得变通之道，而变通之道又依托于《周易》"时"的哲学，并在时空中展开、实现。因此，置身于天人之学的历史文化语境中，研究和实践变通之道就有了必要性和可能性。

从时限上看，"时"具有点、段、位等多个维度，时点表现为某一间断性的局限，时段则是间断性与连续性的统一，时位在哲学上是物在时间维度上的位置。在《易传》作者看来，时间既统摄空间，又与万象关联，由此，"时"即成为宇宙万象在时空中的境遇。在具体的"时"中，宇宙万象得以产生、演化，又通过彼此之间的互动而产生新的时局时态。一旦脱离了时，宇宙万象的实然、应然、将然就都无法具备可能性和现实性。因此，解读"时"的哲学，就成为诠解天人之学的题中应有之义。

《周易·系辞传下》说："不可为典要，唯变所适。"变通的关键是要时机合适，做取舍要看主客观的境遇。程颐说："彖言卦之象，爻随时之变，因失得而有吉凶。"② 基于此，人们应该"明了置身于其中的时下之所遇，应时因机适遇而作出适切的回应，方可顺利达成趋吉避凶之目的"③。要做出适切回应，就要学会变通。因此，《周易·系辞传》才会说："易穷则变，变则通，通则久。"意思是说，事物都具有物极必反的特征，学易者要明白变通的道理。易学变通哲学的道理在《增广贤文》中也有颇多体现。例如，"闹市挣钱，静处安身""小时是兄弟，长大各乡里""遇饮酒时须饮酒，得高歌处且高歌""知音说与知音听，不是知音

---

①　任瑄.古人制怒，各出奇招[J].健身科学，2014（8）：17.

②　程颢，程颐.二程集[M].王孝鱼，点校.北京：中华书局，1981：1028.

③　王新春.神妙的周易智慧[M].北京：中国书店出版社，2001：265.

莫与弹""酒逢知己饮，诗向会人吟"等。

## 一、学会变通莫执拗

做人做事要学会变通，不可拘泥。《增广贤文》说："闹市挣钱，静处安身。"意思是说挣钱要去繁华热闹的都市，修身要选择安静之处。只有在繁华喧嚣的都市中，人们才更容易找到各种各样的致富机会。因此，银行、超市等大都开设在车水马龙、人来人往的繁华区域。与此相反，如果要修养身心，人们就要选择山清水秀、安静偏僻的地方，实现诗意栖居。

诗意栖居能够让人们忘记都市的喧嚣和无奈，找回迷失的自我，活出真性情。在古代，"诗人领悟大自然的鸟语花香所蕴含的物候生态伦理语言，发现人们生活中的诗意栖居方式，并将其融会于诗中"①。在生活中，田园风光一直是很多人追求的梦中家园。晋代田园诗人陶渊明用"采菊东篱下，悠然见南山"（《饮酒·其五》）的诗句，描绘了人们诗意栖居的写意生活。在当代社会，人们应该"破除单纯追求个体和小家之诗意的局限性，到人与整个自然生态、人与世界的和谐统一中去寻求、创造更深远的生存的诗意"②。

如果想要做到变通，除了诗意生活，人们还要学会换位思考。所谓换位思考，就是"己所不欲，勿施于人"，说话做事要力求恰到好处，不可偏激、走极端。换位思考体现了主体间性，说明在人际交往中，人们应该"逐渐从主客体的对象性关系演化为主体间性的互动性关系"③。要

---

① 陈爱华."诗意栖居"的生态伦理智慧及其当代价值：基于中国古诗的解读 [J].南京林业大学学报（人文社会科学版），2023，23（5）：68-75.

② 储昭华，李文希.在天人合一中诗意栖居：中国人的居住哲学 [J].中国特色社会主义研究，2022（2）：108-111.

③ 杨国栋.主体性、主体间性与共同主体性：论延安时期音乐大众化实践主体的嬗变 [J].南京艺术学院学报（音乐与表演）2023（4）：41-47，10.

换位思考，人们在交际时，就得分清对象、注意场合。在民间，老百姓讲究说话做事注意场合，要求"到什么山上唱什么歌""见什么人说什么话"。如果一个人说话做事不注意场合和分寸，即使他说真话，也会遭人嫌。例如，在给危重病人看完病后，医生一般不会把真实病情当面告诉病人，而是选择私下告诉家属。医生的做法并非虚伪，而是体察人情世故之后的变通。

要做到变通，就要尊重别人的底线。底线意识和底线思维又有明显区别，前者包括"底线在哪里"的认知和"保持底线"的操作方法，后者"则包含对底线可能突破的预测、对底线可能突破的防控预案的制定、对底线突破后的实践应对等内容"①。确立底线意识的目的在于要求人们止所当止，确立底线思维的初衷则是要求人们为所当为。可见，底线意识是底线思维的基础，只有确立底线意识，才能具备底线思维。

受到底线思维的影响，《增广贤文》说："相见易得好，久住难为人。"不管在什么时候，人们都要记住"嫉财莫嫉食，怨生莫怨死"。古人讲"穷寇莫追"，意思是不要追击走投无路的敌人，这样即使侥幸获胜，也会遭遇重大损失。可见，如果人们不会将心比心，就会给自己招来不必要的困扰。因此，《增广贤文》秉承《周易》的变通思想，提出了"害人之心不可有，防人之心不可无"。摒弃害人之心，是胸怀理想的表现；具备防备之心，是脚踏实地的体现。胸怀理想与脚踏实地的相反相成，既是对历史经验的总结，又是人们为人处世的必备要诀。

有道是"人有悲欢离合，月有阴晴圆缺，此事古难全"（《水调歌头·明月几时有》）。在人生路上，人们难免会有失意之时。因此，要遵循变通之道，除了不拘泥、换位思考和尊重他人，还要有乐观精神。

---

① 张光紫.知所行止：厘清底线意识与底线思维的意义探讨 [J].湖南科技大学学报（社会科学版），2021，24（2）：128-133.

## 二、莫因失意忘乐观

在实然世界中，总有一些人嫌贫爱富，精于利益计算，遇事喜欢斤斤计较。因此，社会上就出现了"贫居闹市无人问，富在深山有远亲""贫无义士将金赠，病有高人说药方"等情况。有人说"人善被人欺，马善被人骑"，也有人哀叹"茫茫四海人无数，哪个男儿是丈夫"，更有人慨叹"不以我为德，反以我为仇"。这些情形都是生活中常见的情况，但是，世界除了实然层面，还有应然层面，人们仍然要对生活充满信心。

面对社会的实然层面和个人的一时失意，人们不能对生活失去信心，而是要保持乐观向上的人生态度。中国古人讲"家家有本难念的经"，意思是每个家庭都有自己的困难。由于中国人有着"家丑不可外扬"的传统，所以往往不会把自己的困难告诉别人。但是，人们不能因为自己的失意，就觉得别人都很幸福，只有自己最倒霉。

人们要以变通之道为理论指导，不能苛求自己马上解决面临的所有问题，应该拥有"带着问题生活"的勇气。随着人生阅历的增加，过去面临的很多问题都会迎刃而解。此外，要遵循变通之道，人们还要正确认识自己。妄自菲薄和自命不凡都来自对于自我的错误认识，前者是眼睛只盯着自己的劣势，忘记了自己的优势；后者是眼睛只盯着自己的优势，忘记了自己是人不是神。所以，做人要自尊自信，要正确认识自己的优势和不足，懂得知足。

人们要学会知足，就得常常体悟"别人骑马我骑驴，仔细思量我不如；待我回头看，还有挑脚汉"的智慧。此外，人们更要牢记金缨所做的"知足常足，终身不辱；知止常止，终身不耻"（《格言联璧·惠吉类》）的忠告。这一忠告又来自老子，原文为"罪莫大于可欲，祸莫大于不知足，咎莫大于欲得。故知足之足，常足矣"（《道德经·第四十六章》）。大意是说，没有比贪欲更大的罪过了，没有比不知足更大的祸患了，也没有比欲得更惨的灾殃了。因此，人们应该珍惜自己拥有的东西，过好自己当下的生活。如果人们能够把握现在，就能够活在当下，就不会悔恨过去、担忧将来。

要学会知足，就要正确看待逆境。面对生活中的坎坷和不幸，人们不能失去希望，不妨把它设想为自己眼下运气不好。《周易》讲"剥极必复，否极泰来"，意思是坏事发展到顶点就会向好的方向转化。所以，在逆境中，不要灰心，不要绝望。《增广贤文》说"运去金成铁，时来铁似金""黄河尚有澄清日，岂可人无得运时"，这是告诉人们在逆境中要乐天知命，不要灰心绝望，即使面临"屋漏更遭连夜雨，行船又遇打头风"一类的不幸，也要鼓起生活的勇气。

在今天，人们认为出身、性别等属于原生家庭带给个体的运气。此类运气可以称为原生运气，对财富、遗产继承、政治权利等都会有影响。张继亮写道，"通过应得这一功利性要素，将运气平等主义与功利主义结合起来"[①]。除了原生运气，个体的选择也会带来后天的运气。运气平等主义强调"人们应当为自己的选择承担责任，同时，运气因素给分配所带来的影响应当得到缓和"[②]。

在当今中国，人们强调运气的目的是激励面临厄运的人们鼓起面对生活的勇气，避免他们萎靡不振。即使一个人眼下运气不好，也不代表他的运气一直不好。对于身在逆境的人来讲，如果把眼前的困难归咎于流年不利、运气不好等外在因素，就不会把责任揽到自己身上，不会对未来失去信心，也就不会陷入一蹶不振的泥潭。所以，人们要恰当看待运气，努力活出精彩和快乐。

如果懂得知足，人们就能活得轻松；如果懂得活在当下的道理，人

---

① 　张继亮.功利、应得与运气：论约翰·密尔与运气式功利主义[J].中国社会科学院大学学报，2023，43（4）：144-163，168.

② 　高景柱.德沃金与运气均等主义理论[J].西南大学学报（社会科学版），2021，47（2）：35 43，227.

们就能在繁忙的工作之余学会休闲放松。如此一来，人们就能用"人生知足何时足，到老偷闲且是闲"来劝慰自己。即使遭到不幸，也要向好处想，因为"有福伤财，无福伤己"。即使一个人的钱财再多，也不可忘记"人为财死，鸟为食亡"的忠告。《增广贤文》反对算计，指出"饶人算之本，输人算之机"。如果学会知足，一个人可能会有"惺惺常不足，蒙蒙作公卿"的好运。

### 三、远离是非护性命

要遵循变通之道，除了不执拗和保持乐观，人们还要远离是非。所谓"是非"，即是琐碎的言语争斗或无谓的口舌争论。如果人们陷入是非之中，就会浪费时间，甚至可能会危及自己的生命。

儒家重视个体的生命，反对无谓的冒险。在社会中，个体生命的产生、存续等都与环境有着密切联系。就个体与环境的关系而言，个体既受环境的影响，又是塑造环境的参与者。就环境而言，环境既限制、影响个体，又是由无数个体合力作用的产物。因此，个体既要适应环境，又要努力改善环境。在无力改变环境的时候，人们应该珍惜自己的生命，不要把自己置于危险的境地，以免做出无谓的牺牲。孔子的"危邦不入，乱邦不居"（《论语·泰伯》）和孟子的"君子不立危墙之下"（《孟子·尽心》），表达的正是个体应该珍惜生命的意思。这一思想既体现了儒家对个体生命权的尊重，又是儒家人本主义思想的重要表现。

要珍惜自己的生命，首先就需要远离是非，原因是"是非终日有，不听自然无"。《增广贤文》说"来说是非者，便是是非人"，劝告人们不要陷入是非漩涡。此外，面对"入山不怕伤人虎，只怕人情两面刀"的险恶人世，《增广贤文》提出了诸多明哲保身的办法。例如，"见官莫向前，做官莫在后""见事莫说，问事不知，闲事莫管，无事早归"。

因此，做人应该用"知事少时烦恼少，识人多处是非多"来要求自己。君子不可置身矛盾中心，以免面临"莫待是非来入耳，从前恩爱反为仇"的窘境。此外，人们还要牢记"好事不出门，恶事传千里"的训诫，对别人的成功要衷心祝贺，千万不可到处宣扬别人的失败经历。不要乱惹是非，才能做到远离祸端，原因是"是非只为多开口，烦恼皆因强出头"。当然要注意，这里的乱惹是非、远离是非，并非劝人不要见义勇为，扶危救国。在天人之学的视域中，做人除了要远离是非，还应该正确看待物质的匮乏。

要远离是非，还要懂得避其锋芒。《坤卦》六四爻云："六四，括囊，无咎无誉。"意思是说，在危难时刻和敏感时刻，一个人要像扎紧口的皮袋子一样，既让里面的东西出不来，又让外面的东西进不去。此种谨言慎行的做法虽然不能给人们带来利益，可是也不会招来祸患。因此，如果己方处在仅能自保、无法进取的不利地位之时，就应该潜藏待时。朱熹说："六四重阴而不中，故其象占如此。盖或事当谨密，或时当隐遁也。"[1] 所谓"重阴"，就是说六四以阴爻居阴位，属于正而不中。看到这一爻象，君子应该处事周密或者应当隐遁。因此，在君子遭殃、小人得志的时候，人们往往会有"龙游浅水遭虾戏，虎落平川被犬欺"的叹息。在应当收敛锋芒之时，如果君子不懂得避让，一味刚强不屈，就会给自己招来更大的灾难。

面对"黄钟毁弃，瓦釜雷鸣"（《楚辞·卜居》）的情况，不能硬碰硬，应该有"但将冷眼看螃蟹，看你横行到几时"的冷静，相信"恶人须用恶人磨"。正如《周易·坤文言》所说："积善之家必有余庆，积不善之家必有余殃。"尽管小人可能一时得志，但是终究会受到惩罚。清代名剧《桃花扇》中也说："眼看他起朱楼，眼看他宴宾客，眼看他楼塌了。"纵然君子一时落难，只要他志向不改，就必然会有出人头地的一天。

儒家提倡做人要谨慎知足、言行一致，主张做人要虚怀若谷，不要

---

[1] 朱熹.周易本义[M].廖名春，点校.北京：中华书局，2009：45.

骄傲自满。很多人事到临头，往往会头脑发热，说很多得罪人的话，事后追悔莫及。这样的人应该记住"触来莫与竞，事过心头凉"，做到"得忍且忍，得耐且耐；不忍不耐，小事成大"。所以说，"亏人是祸，饶人是福；天眼恢恢，报应甚速"是个真理。对于挑衅的街头少年，韩信没有和他硬来，而是采取了暂时忍耐、避其锋芒的策略，终于躲过了灾难，最终成为"汉初三杰"之一。如果韩信不能忍辱负重，拿起长剑和对方硬拼，很可能会找回面子。可是，如果他一时失手，打伤了对方，就会给自己招来很多麻烦。这样一来，韩信的政治理想可能就没有办法实现了。因此，在生活中，面对某些特殊情况，人应分析力量情况后学习韩信的忍耐精神，学会避其锋芒、放眼长远。

## 四、安贫乐道不贪心

在儒家看来，小人会因为贫困铤而走险，只有君子才能安贫乐道。在谈及颜回时，孔子说："贤哉，回也！一箪食，一瓢饮，在陋巷，人不堪其忧，回也不改其乐。贤哉，回也！"（《论语·雍也》）面对物质生活的贫乏，颜回注重精神追求，真有其师弦歌不辍的风范。到了宋代，理学家倡导君子应该追求孔颜乐处。以今人的眼光来看，孔颜乐处"是一个人生理想，也是一个理性境界的问题"[1]。换言之，孔颜乐处就是圣贤的理想人格与理想人生，也就是常人的人生应然。因此，孔颜乐处"所反映的是个体达到圣贤境界后在人格气象上表现出来的洒落襟怀和自由之乐"[2]。受儒家孔颜乐处思想的影响，《增广贤文》说："入门休问荣枯事，观看容颜便得知。"

在儒家安贫乐道思想的影响下，《增广贤文》提倡知足常乐，提出"君子安贫，达人知命"。该书提醒人们"良田万顷，日食一升；大厦千

---

① 陈来.宋明理学 [M].2 版.上海：华东师范大学出版社，2004：34.
② 李永富.易学视野下的二程理学建构 [M].成都：西南交通大学出版社，2021：214.

间，夜眠八尺"，要求人们学会知足，不能被欲望控制。该书反对贪心不足，告诫人们勿忘"点石化为金，人心犹未足"的教训。该书反对和别人攀比，劝告人们避免出现"相论逞英雄，家计渐渐退"的情况。反之，如果有人贪心不足，就会受到惩罚。例如，对于贪婪的书生，道教神仙吕洞宾就给予了小小的惩戒。

据说有个书生整日虔诚供奉道教的神仙吕祖，也就是吕洞宾，他的诚心感动了吕洞宾。有天晚上，吕洞宾下凡来到书生家里。吕洞宾看到他家非常贫穷，就伸出一根手指朝院子里的一块小石头一点，忽然，这块石头就变成了金子。吕洞宾说："我把它送给你吧。"书生表示拒绝，吕洞宾以为他嫌小，于是又把一块大点的石头变成了金子。没想到，书生还是不接受。吕洞宾有些纳闷，问他："你到底想要什么？"书生跪倒在地，说："我想要你那根能够点石成金的手指。"吕洞宾一听，讨厌书生的贪得无厌，就把两块金子变回了石头，然后飘然而去。

这个故事告诉人们，如果书生懂得知足，就可以得到吕洞宾变出的金子，进而改善自己的经济条件。谁知书生得陇望蜀，惹怒了吕洞宾。于是，书生不但得不到点石成金的手指，就连吕祖变出的金子也失去了。所以，人要牢记"知足常足，终身不辱；知止常止，终身不耻"的警戒，避免发生乐极生悲的情况。要避免乐极生悲，就要重视德行修养。

# 第四节　重修德

《周易古经》本是占卜之书，先民用其占卜也在情理之中。按照儒家的观点，作为学习《周易》的君子，最重要的应该是注重修德。孔子说"加我数年，五十以学易，可以无大过矣"（《论语·述而》）。意思是说，如果再给孔子几年时间，他要好好研读《周易》，这样就不会有大的过失了。孔子说："南人有言曰：'人而无恒，不可以作巫医。'善夫！不恒其德，或承之羞。""不占而已矣。"（《论语·子路》）大意是说，如果一个人没有恒心，就连巫医也做不好。如果人不能坚持道德，就可能会给自己招来羞辱。在马王堆出土的帛书《易传》中，孔子说，"《易》，我后其祝卜矣，我观其德义耳也"（《马王堆帛书易传·要篇》）。大意是说，与占卜相比，孔子更加看重周易经文中的道德义理。在孔子之后，荀子说，"善为《易》者不占"（《荀子·大略》），荀子主张"大易不占"，认为真正懂《周易》的人，会用它来迁善改过，而不会用它来算卦。结果，儒家"完全摒弃《周易》的占筮之用，将其看成圣人之'遗言'或教导，以一种较为彻底的'德义'视域实现了《周易》之经典化、文本化"①，创造出了《易传》这一集中体现天人之学哲理品位的皇皇巨著，也实现了周易研究从卜筮向哲理的范式转换。因此，虽然在民间有很多人用《周易》来算命、看风水，但如果人们对《周易》的理解停留在应用层面，就不能把握古圣先贤的微言大义了。

除了探究道德修养的必要性，儒家还对德福关系做了论述。所谓德福关系，即是道德与幸福之间有无联系。《尚书·洪范》把幸福划分为五类，即"一曰寿，二曰富，三曰康宁，四曰攸好德，五曰考终命"。大意是说，长寿、富裕、健康安宁、遵从道德和寿终正寝，是人世间的五大幸福。由此可见，早在先秦时期，儒家就已经揭示了道德与幸福之间的关联。《周易·系辞传》云："天地之大德曰生。"万物都由一气化生而成，也都具有生生之德。在化生成形的过程中，万物就不仅分享了生生之德，而且具有了自己的现实命运。因此，"现实意义的福内含在命中，并实现于德中"②。在践履道德的过程中，人就能在某种程度上获得幸福。反之，"德不配位，必有灾殃。德薄而位尊，智小而谋大；力小而任重，鲜不及

① 徐强.由"占筮"到"德义"：据帛书《易传》析论《周易》解释的视域转换[J].大连理工大学学报（社会科学版），2010, 31（1）：74-78.
② 冯晨."大德者必受命"：儒家德福关系的内在逻辑[J].哲学分析，2023, 14（5）：39-56, 197.

矣"（《周易·系辞传下》），是说如果一个人的德行与其地位不匹配，就会给自己带来灾祸。道德低下而位置尊崇，智慧缺乏却谋划大事，大量不足却有承担重任，这三种情况能够避开灾祸的概率极小。可见，儒家将道德与幸福之间的关系明确为正相关。

在《易传》中，主张君子应该力求时、德和位的统一。受此观念影响，中国人经常讲要摆正位置，说话做事要注意自己的身份，都是由此产生的。在天人之学倡导时、德、位统一思想的影响下，《增广贤文》收录了"时来风送滕王阁，运去雷轰荐福碑""人恶人怕天不怕，人善人欺天不欺""但行好事，莫问前程"等条文。

## 一、把握时机获成功

在儒家看来，命运由天命、时机和运势等因素组成。孔子重视天命，孟子看重人事，二者合起来就是"尽人事，听天命"。在《周易》中，时机、道德和位置的重要性都有突出表现。在《增广贤文》中，"时来风送滕王阁，运去雷轰荐福碑"这一条文，反映的就是把握时机的重要性。

儒家重视"时"，提倡要把握时机、学会变通。《周易·系辞传下》说："易穷则变，变则通，通则久。"平时，人们要注意积累自己的才能和人脉，一旦机会来了，就要迅速抓住。《增广贤文》中"近水楼台先得月，向阳花木早逢春"，反映的就是把握时机的重要性。说起这两句诗的来历，就不得不提到宋代名臣范仲淹身边的苏麟。

当时，范仲淹在杭州城里做官，他体察下情，手下的大小官员大多得到了推荐和提拔。在得到提拔后，官员们对他很是尊敬。有个名叫苏麟的人在外县担任巡检的官职，由于他和范仲淹接触较少，没有受到推荐和提拔。苏麟心中有些不满，就在一次拜见范仲淹时，敬献了一首诗。"近水楼台先得月，向阳花木早逢春"就是其中的两句。范仲淹是个聪明人，看完全诗后，马上询问苏麟的政绩。不久之后，苏麟也得到了提拔。从此，"近水楼台先得月，向阳花木早逢春"也就流传开来。

机会不会偏爱没有准备的头脑，如果苏麟的工作业绩较差，即使范仲淹想提拔他，也没有机会。这就是人们常说的"自助者，天助之"。所以，在日常工作中，人们要谦虚谨慎、戒骄戒躁，努力夯实自己的才干。等到机会出现的时候，就要果断出击、抓紧时机，努力开创人生发展的新天地。

## 二、丧失时机惹祸端

在历史上，也有不少人由于丧失时机而惹下祸端。《增广贤文》说"晴天不肯去，直待雨淋头"，反映的就是这一情况。宋襄公可以说是其中的代表人物了，宋襄公就因为错失时机而得到了惩罚。宋襄公是"春秋五霸"之一。有一次，他带领宋国军队和当时的超级大国——楚国决战。当时，宋国军队在河的一岸列队完毕，准备迎头痛击楚军。而楚军刚刚到达河的对岸，需要渡过河流，才能和宋军决战。于是，宋襄公指挥部队以逸待劳。在楚军刚刚过河三分之一的时候，将领们建议宋襄公马上出击，杀对方一个措手不及。可是，宋襄公不同意，表示君子不能攻击尚未列好阵势的军队。于是，宋军只好继续等待。等到楚军渡过河二分之一的时候，宋国大将又提醒襄公战机稍纵即逝。可是，宋襄公还是不同意，表示君子不能攻击已经受伤的敌人，不去擒拿头发已经花白的敌人，不能靠险要的地势获胜。等到楚军渡河完毕列好阵势后，他们呐喊着杀向宋军。宋军被杀得丢盔卸甲，宋襄公也被迫狼狈逃窜。

尽管防风氏和宋襄公都是因为丧失时机而遭殃的，可是由于他们的出发点不同，所以后人的评价也不同。对于防风氏，人们往往把他当作英雄来看待；而一旦提及宋襄公，很多人则会对他加以耻笑。

## 三、人生短暂要珍惜

人生短短几十年，稍纵即逝。所以，《增广贤文》说"曾记少年骑竹马，看看又是白头翁"，是在感叹昨天还是骑着竹竿玩耍的幼童，今天已经变成了头发花白的老翁，真是时光飞逝！

需要说明的是，"青梅竹马"与李白有关。唐代大诗人李白曾经写过一首名叫《长干行》的诗歌。在这首诗中，"郎骑竹马来，绕床弄青梅。同居长干里，两小无嫌猜"是流传最广的。这里的"青梅"指的是青涩的梅子，而"竹马"则是指儿童用竹竿当马骑。后来，人们就用"青梅竹马"来形容小时候一起玩耍、长大后恋爱或结婚的男女。而"两小无猜"则用来表示纯洁无瑕的感情。由于古代儿童的发髻是向上分开的，在头顶上各扎一个角，形如羊角，所以称为总角。如果是同一性别的朋友，就用"总角之好"或者"总角之交"来表示。

时间一去不复返，所以，不管是学习还是工作，人们都要抓紧时间，不能虚度光阴。由于年少成名，宋代大文豪苏轼在中国历史上留下了灿烂的一笔。公元 1056 年，在父亲苏洵的带领下，苏轼和苏辙来到汴梁参加科举考试；当时的科举考试分为三个步骤，参加考试的书生必须通过三关考验，才能成为进士。第一关，兄弟二人顺利通过了由开封府组织的举人考试。第二关，兄弟俩都参加了由礼部（类似于今天的教育部）组织的考试，当时的主考官是北宋大文豪欧阳修。

在批阅已经密封完毕的考卷时，欧阳修发现有一篇文章写得非常好，打算把它定为第一名。他转念一想，如果这份是自己弟子曾巩的考卷，有可能被别人说闲话。于是，欧阳修就把这份试卷定为第二名。在考试成绩公布之后，苏轼是第二名，欧阳修不禁感到有些后悔。到了第三关，当时的皇帝宋仁宗亲自主持考试，苏轼、苏辙二人都顺利通过，成为同科进士及第。

在科举考试中，经常有人五十多岁才考中进士。苏轼二十多岁就考中进士，可谓少年得志。如果一个人在少年成名之后，仍能踏实苦干、戒骄戒躁，就能够像苏轼一样取得巨大成就。《增广贤文》说"月到十五光明少，人到中年万事休"，就是在提醒大家要抓紧机会，努力奋斗。

有人总结出一个规律，如果一个人不能在四十岁之前取得成就，就可能一辈子庸庸碌碌。古代人寿命较之现代较短，所以，《增广贤文》才说"三十不豪，四十不富，五十将来寻死路"。

## 四、弃恶从善保平安

如果一个人经常与人发生冲突，不懂得适可而止，就不会善终。说起行凶作恶受到惩罚的人物来，《水浒传》里面的泼皮牛二可以说是一个典型。

由于没能完成押运太湖石回汴梁的任务，"青面兽"杨志被太尉高俅赶出了殿帅府。万般无奈之下，杨志走到街上，打算卖掉家传的宝刀来活命。绰号"没毛大虫"的无赖牛二来到他的面前，恶狠狠地问道："你这把刀卖多少钱？"杨志满面赔笑地说："这是家传宝刀，卖三千贯。"牛二一听，马上拉长了脸，说："什么破刀，卖这么贵。"杨志说："这把宝刀有三大好处，一是剁铜砍铁不卷刃，二是吹毛断发，三是杀人不见血。"牛二一脸鄙夷，并不相信。

于是，牛二拿出二十个铜钱叠成一摞，然后用怀疑的目光看着杨志。杨志挽起袖子，挥起宝刀把铜钱劈成了两半，而宝刀一点也没卷刃。紧接着，杨志从头上揪下几根头发放在刀口上，轻轻吹了一口气，只见头发立马断成了两截。牛二起了贪念，非要杨志演示杀人不见血。杨志不同意，他就一把抢过杨志的宝刀。杨志讨要未果，不禁动了气。很快，二人动起手来，只见寒光一闪，牛二死在了杨志的祖传宝刀之下。人们定睛一看，那刀刃上果然没有血。

由于围观的人群平时受尽牛二的欺凌，纷纷来到官府给杨志作证。官府平时拿牛二没办法，也庆幸解决了一个治安毒瘤，就对杨志从轻发落了。试想，如果牛二不是这么强横，就不会做刀下之鬼了。所以，《增广贤文》里面说"忠厚自有忠厚报，豪强一定受官刑""强中自有强中手，恶人须用恶人磨"。

因此，儒家重视道德修养，主张无论是高官还是普通人，都要弃恶从善。《增广贤文》中的"人到公门正好修，留些阴德在后头"，反映了编纂者对于官员勤政爱民、廉洁奉公的厚望；而"善恶随人作，祸福自己招"，则提醒人要为善去恶。如果一个人注重道德修养，不仅可以融洽人际关系，还可以安身保命，避免死于非命。

总之，与讲究主客对立的近代西方哲学不同，天人之学从创立那天起，就妥善安排了自然万物与人类之间、人与人之间、不同文化之间的位置，既凸显了人类的主体性，又承认自然万物的价值。在人与人的交往中，每个人都应该秉持主体间性的原则，把交往对象视为平等对话的主体。因此，中华优秀传统文化认为，在社会交往中坚持与人为善，有利于个人取得成功，也有利于社会的和谐发展。作为中华优秀传统文化的载体，《增广贤文》也提倡"知己知彼，将心比心"，为世人提供了在天人之学的视域下为人处世的必备诀窍。

# 第二章　儒家命运观及其
# 实践路径

提起中华优秀传统文化，很多人马上就会想起孔孟。实际上，在传统文化中，以孔子、孟子为代表的儒家只是主流之一，"佛教融入中国文化，并与儒、道两家一起共同构成了中国传统文化的主流"①。

在中国古代，儒、道、佛三家既相互批评又彼此借鉴，推动了中华文化的发展。到了汉代，佛教在传入中国后，起初是借用道家的"天下万物生于有，有生于无"思想来进行对自身的"空"格义，后来又利用以《周易·坤文言》中"积善之家必有余庆，积不善之家必有余殃"为代表的"天道福善祸淫"（《尚书·汤诰》）思想来宣传自家的因果报应思想。在晋朝，道家借鉴佛教思想，形成了中国的本土宗教——道教。到五代以后，在天人之学的思维架构中，借鉴佛教的心性思想和道家的本体哲学，儒家发展出了融儒、释、道三家精华于一身，深刻影响宋、元、明、清四个朝代的理学。

儒、释、道既是中华优秀传统文化的有机组成部分，又对从古至今的中国人产生了很大的影响。因此，在宋代，宋孝宗曾经用"以儒治世，以道养生，以佛养心"，来说明儒、释、道三者的不同和作用。到了当代，楼宇烈在谈及儒释道三家的命运观在人生中的应用时，不仅用"拿得起"来解释儒家，而且用"放得下"来说明道家，还拿"看得开"来解读佛家。②

在中华优秀传统文化中，儒家的天命观、佛家的因果轮回观和道家的安命观都是中国命运观的杰出代表，并且分别对中国人产生了颇为深刻的影响。在儒、释、道命运观的影响下，《增广贤文》编纂者也收录了

① 　刘丹.基督教与佛教在中国传播命运不同的原因[J].贵州师范大学学报（社会科学版），2001（3）：59-63.
② 　楼宇烈.中国文化中的儒、释、道[J].佛学研究，2017（1）：20-32.

与命运有关的许多条文。例如，"大家都是命，半点不由人""万事不由人计较，一生都是命安排""善恶到头终有报，只争来早与来迟""人恶人怕天不怕，人善人欺天不欺""善有善报，恶有恶报；不是不报，日子未到""若争小可，便失大道""知足常足，终身不辱。知止常止，终身不耻"等。在本章中，笔者将以儒家为例，阐释中国人独有的命运观，并说明其时代价值和实践路径。

# 第一节　为何探究命运

哲学是探究宇宙、社会、人生等领域的问题，追求超越具体知识的智慧的学问。在中国哲学中，哲学家们孜孜以求的是"关于人与天、地、人、物、我的关系，即宇宙与人的关系，人在宇宙中的地位、人的尊严与价值、人的安身立命之道"的学问。[①] 在儒家哲学中，外在于人的客观条件统称为天命。探究命运的目的，不仅在于为人类找到自身在天地中的位置，而且在于说明人生应然的内涵，还在于解决德福关系问题。

## 一、有限与无限

作为肉体感性生命，个体的出生、成长和死亡都受到诸多限制。就出生而言，个体既不能选择自己的父母，也不能挑选自己出生的时间。在成长过程中，个体不仅很难自主选择自己生活的家庭，而且很难自主选择自己就读的学校。即使个体在选择工作环境时具有一定的自主权，也会在工作环境中因受到家庭、社会、世界、时代等多重因素的影响而面临诸多矛盾。再从死亡来看，个体的死亡时间、死亡方式常常也不由自己做主。可见，作为个体，人们要面临诸多外在限制。因而，个体总是有限的。

---

① 郭齐勇.中国哲学：问题、特质与方法论 [J].中国哲学史，2018（1）：32-41，73.

与个体的有限性相比，天地、天命、天道则具有无限性。在儒家哲学中，天命、天道、天理都是至上本体的名称，三者之间是一物多名的关系。作为有限的个体，人类所置身的天地则是无限的。从时间长度来看，人的寿命至多不过上百年，天地却可以长久存在。从范围上看，作为天地间的一部分，人类活动的影响范围往往极其有限；而天地的作用范围则可以"上穷碧落下黄泉"（《长恨歌》）。从分工来看，人既可以是现实中的认知主体、实践主体，又可以是理想人格与理想人生的代名词；而天则具有自然之天、主宰之天和义理之天三重含义。自然之天指的是物质层面的天，是人类存在的物质保障；主宰之天既可以指抽象的天命、天道，又可以指天帝一类的人格神；义理之天是人类的价值来源，为人类提供了安身立命的精神家园。可见，天不仅为人类提供了物质层面的存在保障，而且为人类提供了价值来源。

为了使个体找到自身在天地间的位置，"亦欲以究天人之际，通古今之变，成一家之言"（《报任安书》）就成了中国哲学家念兹在兹的毕生追求。进而，天人关系问题也就成了中国古代哲学的基本问题。实际上，"中国传统哲学的天人问题主要是用来解决伦常名教的形上基础、人之为人的根据以及终极关怀等安身立命问题的"①。在中国哲学中，天人关系问题又可以表述为天道与人道的关系问题。

## 二、天道与人道

在春秋时期，子产提出"天道远，人道迩"（《左传·昭公十八年》），凸显了天道与人道之间的差异。其后，孔子把道看成个体必须遵守的行为准则，说"人能弘道，非道弘人"（《论语·卫灵公》）。只有人才能成为践履道的主体，因而，个体应该承担起自己的道德责任。仁是人道的

---

① 杨庆中.中国古代天人之论真能解决当今人类面临的危机吗？[J].河北学刊，2004（5）：93-98.

核心，因而，人道与仁道是同义词。人应该具有主体性，反对依靠外力实现救济，"为儒家的现世拯救找到了内在的人性根基，天道、人心由此成为国人的基本信仰"①。

在孔子之后，孟子由人性善的价值预设出发，倡导"尽心，知性，知天"，既为孔子的行人道合天道的思路做了论证，又说明了人道合天道何以可能。② 与孟子的思路不同，荀子主张天人有分，要求明确天、地、人三者各自的功能，采取制天命而用之的方式，来改善人类的物质生活条件。③

其后，程颐认为，"命"是成就万物的根基根据。程颐说："性即是理，理则自尧、舜至于途人，一也。"④ 在程颐看来，天理与天命之性是异名同谓的关系。程颐说："理也，性也，命也，三者未尝有异。穷理则尽性，尽性则知天命矣。天命犹天道也，以其用而言之则谓之命，命者造化之谓也。"⑤ 天命之性是性之本，是真正的性；至于由气禀而来的气质之性，则不是真正意义上的性。可见，天道、天命还有根基、根据的意思。

在了解天命之后，人们还需正确看待人事。原因是如果只讲天命，不尽人事，人们就会陷入宿命论的漩涡。因此，儒家之所以要探究命运，目的在于为个体提供安身立命之道。

## 三、安身立命何以必要

在明确天道与人道的关系之后，人道的实现就有了其现实性。所谓人道，就是人生应然或人生理想。儒家讲究内在超越，主张"敬鬼神而

---

① 孙海燕.论儒家现世精神的起源[J].人文杂志，2023（9）：14-23.
② 孟子.孟子[M].王瑞，译注.成都：四川人民出版社，2019：291.
③ 荀子.荀子[M].祝鸿杰，译注.杭州：浙江古籍出版社，1999：153.
④ 程颢，程颐.二程集[M].王孝鱼，点校.北京：中华书局，1981：204.
⑤ 程颢，程颐.二程集[M].王孝鱼，点校.北京：中华书局，1981：274.

远之"(《论语·雍也》)，希望在现实生活中实现自己的人生理想。孔子把知命看成实现人生理想的前提，说："不知命，无以为君子。"(《论语·尧曰》)所谓"知命"，就是把握自己在家庭中、社会中的位置，就是知道自己的优势和不足。一个人只有了解自己，才能尽好自身的责任，也才能成为君子。可见，通过探究命运的奥秘，人们就能为做君子提供必要的基础。

除了成为君子，个体还可以在明确天道与人道的关系之后，正确看待自身的遭遇。作为具有认知能力和行动能力的主体，个体必然具有趋利避害、趋吉避凶的冲动。而个体能否趋利避害，既取决于个体的主观努力程度，又具有偶然性。既然个体具有有限性，那么，一个人就不必把人生遭际的责任完全归结于主观或客观。

如果一个人能够看清命运，就能合理看待人生遭际。所谓人生遭际，就是一个人的贫富贵贱、生死寿夭。一个人的遭际既具有必然性，又离不开偶然性。在人生遭际中，逆境和挫折也时常出现。作为有道德追求的个体，如何看待人生遭际，是一个值得严肃对待的话题。如果个体不能正确看待人生中的遭遇，就可能会道德败坏或悲观绝望。儒家之所以要探究命运，就是为了帮助个体正确看待生命中的变数、偶然性，就是为了实现终极关怀。换言之，探究命运的奥秘，不仅可以让人正确看待逆境和挫折，还可以助其重拾信心。

# 第二节　何为命运

所谓"命运"，既有外在于人的限制因素的含义，又有人生遭际之义。儒家学者对命运有何意义、个体能否改变命运等问题，做出了自己的回答。这些回答既具有历史作用，又具有现实价值。

## 一、孔子的天命观

所谓"命"，就是外在于人的个人很难改变的客观条件，如身高相貌、家庭背景和社会环境等。儒家的命运观大致可以分为天命、德命和义命等。

天命是外在于人的、人力无法改变的偶然因素。孔子说："不知命，无以为君子。"（《论语·尧曰》）意思是，一个人要成为君子，就必须承认天命的存在。孔子认为，"儒家从'德命'的观念中引入了'时'，承认人的命运会受到外在时命和时遇的影响"①。孔子主张"知其不可而为之"（《论语·宪问》），认为个人应该知道天命所在，尽力做好自己的本分，不要计较外在得失。

以今人的眼光来看，"孔子的命运观来自他对人生遭遇和社会发展现实的体悟，是他对生命有限性与时间永恒性做出的追问和探求，是他面对制约时寻求突破、为自由解放而做出的理论与实践的努力"②。在儒家看来，对于天命，个体只能服从。从思想实质上看，孔子对天命的敬畏"源于天人之间的距离和把天命视为超越的、高高在上的主宰者所引发的神圣感"③。孔子感觉自己担负着天命，就带领弟子周游列国，宣讲自己的仁爱思想。面对君主的冷落和隐士的批评，他并不改变自己的志向，而是以担负天命自居。

即使在流离失所之际，孔子也能乐观地看待眼前的困境。有一次，孔子被匡人围困，断了粮食。他的弟子们都很忧虑，可是孔子还是弦歌不辍。孔子的弟子子夏说："死生有命，富贵在天。"（《论语·颜渊》）这

① 姚裕瑞.道德与命运：从早期《诗》学的线索看儒家德命观的演变 [J].管子学刊，2020（4）：25-34.

② 赵婉懿.孔子先秦儒家命运观研究 [J].中国民族博览，2019（2）：85-87.

③ 何光沪，许志伟.对话：儒释道与基督教 [M].北京：社会科学文献出版社，1998：232.

一说法完美地诠释了天命的决定性。在子夏看来，人的出生、死亡、贫穷和富贵都是由天注定的，个人无法改变。在孔子之后，子思指出"天命之谓性，率性之谓道"（《中庸》）。

## 二、思孟学派的德命观

子思明确把天命和人性贯通起来，为主体的道德修养提供了天道依据。《郭店楚简》作者在《性自命出》里面，用"性自命出，命自天降"对天命与人性贯通起来的过程做了说明。所谓"命自天降"，即是说个体既禀受了天道的德性，又是环境的产物，个体的富贵贫贱受社会大环境的制约；而"性自命出"则是指个体只有在社会环境中成长，才能逐步确立起其社会属性。

作为思孟学派的一员，孟子既承认个体肉体感性生命的存在，又肯定人的生理需求的合理性，但生理需求的满足要受到外在条件的制约。外在条件就是命运的组成部分，他说："莫之为而为者，天也；莫之致而至者，命也。"（《孟子·万章上》）在孟子看来，个体只能服从天道，必然受到命运的影响。与子思相比，孟子进一步凸显了个体的道德自主性。孟子说："存其心，养其性，所以事天也。夭寿不贰，修身以俟之，所以立命也。"（《孟子·尽心上》）这是说要提升自我的道德水准，个体就应该存心养性。只有自觉遵从道德的要求，个体才能完成自己的社会属性。进而，孟子又把命运划分为"正命"和"非命"，说："莫非命也，顺受其正。是故知命者，不立乎岩墙之下。尽其道而死者，正命也；桎梏死者，非正命也"。（《孟子·尽心上》）所谓"正命"，即是个体遵循道德要求，不断提升自己的人生境界，成就天命赋予自己的德行。所谓"非命"，指的是个体背弃了天道所赋予的德行，因违背法律或漠视危险等因素而丧失生命。于是，在孟子这里，命运不再是无法琢磨的他者。也有些学者对"命"与"非命"做了辨析，认为"在日常生活中，吉凶祸福、死生寿夭的承受是非人力所能控制的，属于命的范畴；仁义道德、精神境界的高下等是'为仁由己'，个人可以通过自身的努力就能获取的，属于非命的范畴"①。

## 三、二程义命观

后来，在易学的视域下，"程颐创新地解释了孔子命运观的内涵，将其发展为义命观"②。程颐认为，"命"是天理的展现。他说："命，正理也。以道制欲则顺命。"③ 立身天地间，一个人要想维系生命，就不可能脱离欲望。在程颐看来，以君主和宰相为代表的政治家不仅应该以天理来约束自身的欲望，还应该为民众提供保质保量的公共产品。可见，程颐的道欲观在理论层面，是为了限制权力，使政治家可以自觉推行仁政。

在二程看来，"命就是个人面临的、自身无法左右的主观和客观条件，而际遇则是命运的现实表现"④。有时候，虽然一个人已经尽了最大努力，却依然无法改变自己的命运。如果一个人面对此般困境，就应该安于义命。程颐说："贤者惟知义而已，命在其中。中人以下，乃以命处义。"⑤ 依照人生境界的不同，人可以分为圣人、贤人、君子和普通人。吴付来认为，"义命论中的'义'就是道德的应当，即人们的义务和责任"⑥。在程颐看来，贤人已经了解了道义，自然就能够通过修养道德，来遵从命运的安排。普通人只有经过命运的锤炼，才能知道道德与命运之间的关系。可见，二程继承了儒家的天命论和道德追求，"在天、理、命、性为一的前提下，强调'命在义中'，将践履仁义道德说成是人的天

---

① 张英.略论传统儒家命运观[J].学术交流，2011（3）：29-32.

② 李永富.易学视野下的二程理学建构[M].成都：西南交通大学出版社，2021：187.

③ 程颢，程颐.二程集[M].王孝鱼，点校.北京：中华书局，1981：1053.

④ 李永富.洛学兄弟：程颢程颐[M].成都：西南交通大学出版社，2018：68.

⑤ 程颢，程颐.二程集[M].王孝鱼，点校.北京：中华书局，1981：18.

⑥ 吴付来.义命论的逻辑发展及其现代意义[J].中国人民大学学报，2007（1）：91-97.

赋之命和人生追求"①。

综上所述，既然命是人无法左右的客观条件和根基，那么，外在的成败就不由个体所决定了。君子与其因为外在的成败而亢奋或者悲伤，不如修养道德、保持乐观，做到乐天知命。因此，以宿命论来看待儒家的命运观，实在是过于浅薄了。受儒家命运观之影响，《增广贤文》编纂者认为，如果一个人能够乐天知命，就不仅能充分发挥自己的先天优势，还能体验到幸福和快乐，即"人生知足何时足，到老偷闲且是闲"。

## 四、影响

在《增广贤文》中，儒家的天命思想有诸多体现。例如，"大家都是命，半点不由人""万事不由人计较，一生都是命安排""莫怨天来莫怨人，五行八字命生成"等。谈及"八字"的来历，则需要提及历法。

古人用天干地支来纪年、计时。天干有十个，依次为甲、乙、丙、丁、戊、己、庚、辛、壬、癸；地支有十二个，依次为子、丑、寅、卯、辰、巳、午、未、申、酉、戌、亥。以纪年为例，天干地支相配，从甲子开始，到癸亥结束，六十年为一个循环。就个人的出生而言，年、月、日时都可以用一个天干和一个地支搭配来表示，正好是八个字，所以称为"八字"，又叫四柱。

儒家反对算命，主张通过道德修养来改变自己的命运，反对执着于外在的得失成败。因此，在《增广贤文》中，不只有强调命运决定性的内容，倡导个人努力的条文也很常见。例如，"随分耕锄收地利，他日饱暖谢苍天""十载寒窗无人问，一举成名天下知""黑发不知勤学早，转眼便是白头翁""莫道君行早，更有早行人""一寸光阴一寸金，寸金难买寸光阴"等。这些条文从务农、读书等方面，说明了勤奋、努力是个人成功的必要条件。

---

① 魏义霞."安于义命"：二程的性命哲学及其道德旨趣[J].齐鲁学刊，2012（3）：15-19.

如果经过努力，人们还是无法改变自己的现状；那么就需要放弃对外在成败得失的过高期望，用"命里有时终须有，命里无时莫强求"来安慰自己。这一安慰是要人们认清现实，不要执着于既有的得失。反之，如果执着于外在的既有得失，就有可能陷入悲观、抑郁的情绪。

在《增广贤文》中，可以看到一些鼓励人们享受快乐的条文。例如，"遇饮酒时须饮酒，得高歌处且高歌""黄金未为贵，安乐值钱多""相逢不饮空归去，洞口桃花也笑人""莺花犹怕春光老，岂可教人枉度春""今朝有酒今朝醉，明日愁来明日愁"等。对于这些条文，要按照儒家的阴阳哲学来理解。《系辞传》说："一阴一阳之谓道。"阴阳的冲突与贯通，是表现天道的重要手段。《易传》曰："天地之大德曰生。"只有阴阳和合，万物才能生生不息。如果说工作、学习是阳，那么休息、娱乐就是阴。只有阴阳平衡，一个人的健康才有保障。可见，儒家由现实人生入手，"关切生活、重视生活，视生活为学问，视哲学为安身立命的智慧之学"①。

## 第三节　把握运势铸成就

古人既看重命运，又重视运势。所谓"运"，就是运气、机缘和机遇等外在于人的偶然性；所谓"势"，不只是社会发展的方向、趋势和潮流，还有山川走向、地势高低等地理形势。一个人要想有所成就，就要顺应天下大势，采取应运而为的策略。正如《增广贤文》所说："顺天者存，逆天者亡。"如果有人打算逆势操作，就很可能会遭到厄运。

### 一、如何理解运势

从古到今，人们都重视运气。即使是现在，如果有人连续几件事都

---

① 　白炜.践履思维：中国传统哲学独特的思维方式[J].社会科学家，2010（8）：123-126.

不顺利，就会说自己流年不利、运气不好。在民间，也有"本命年运气不好"的说法。在济南，人们可以吃到一道名叫"黄河鲤鱼"的菜。等到菜端上桌，你会发现盛在盘子里的鲤鱼头尾上翘，呈现 U 字形。在济南人看来，U 字形象征着好运。在今天，为了使自己有个好运气，有些人去烧香拜佛，也有人去祈求上帝，这些做法都体现了人们祈求健康平安、重视现世生活的思想。

说起运势，古人还有"五运六气"的说法。所谓"五运"就是金、木、水、火、土，而"六气"指的是风、寒、热、暑、燥、火。

与八字一样，五行的来历和内涵值得一提。在中国古人看来，世界上的事物可以分为金、木、水、火、土五类，并把它们称为"五行"。在金、木、水、火、土五类物质之间，又存在着生克关系。就相生关系而言，金生水，水生木，木生火，火生土，土生金。"在五行的相生关系被发现的同时，五行的相克关系也得到了人们的认同。"① 就相克关系而言，金克木，木克土，土克水，水克火，火克金。在《尚书》中，已经可以看到明确的五行观念。后来，人们又把五行和五方、五位、五音、五脏等相配。例如，东方属木，西方属金，北方属水，南方属火，中央属土。

运势既是命运的组成部分，又体现了儒家的生活智慧。在中华优秀传统文化中，含蓄谦虚是人人都应该具有的美德。在日常生活中，如果事情成功了，人们常常谦虚地把它归结为运气很好；如果事情失败了，人们往往乐观地把它归结为运气太差。对于处于逆境的人来说，如果将失败归结为运势不好，有利于他们尽快走出低谷，避免一蹶不振。

## 二、运气好坏有差异

人们做事能否取得成功，往往与运气有一定的关系。在人们红运当头的时候，做事更容易取得成功；当人们倒霉的时候，做事可能会不甚

---

① 李永富，岳晗.论先秦五行思想的和合意蕴 [J].文化学刊，2021 (8)：90-93.

顺利。在《增广贤文》中，能看到"时来风送滕王阁，运去雷轰荐福碑"的说法。对于红运当头的王勃和失运落魄的穷书生，这句话都进行了生动的描绘。

先来看红运当头的王勃。在公元 675 年的重阳节，洪州都督阎伯屿邀集当地官员和文人雅士来到滕王阁，举行庆贺重修完工的庆典。王勃听说此事后，希望有幸参与，可是他乘坐的船距离南昌约 350 千米。传说，中原河神以风相助，推动木船夜行，王勃终于赶上了盛会。等到大家喝得高兴的时候，王勃应邀写诗作赋助兴。看到王勃写出"落霞与孤鹜齐飞，秋水共长天一色"的句子，大家纷纷叫好。因为王勃的超绝文采，滕王阁也得以扬名后世。

再来看倒霉到家的穷书生。据说在范仲淹担任鄱阳郡守的时候，有位书生写诗向范仲淹诉说自己的穷苦。范仲淹看到书生写字很好，就派人联系荐福寺的主持，希望书生可以临摹该寺荐福碑上的颜真卿真迹，再去卖字为生。主持也很开明，让书生准备好文房四宝，搬进了寺庙。当天晚上，书生很早就上床休息了，打算第二天一早就去临摹。谁知，当天晚上风雨交加，荐福碑竟被雷电击毁了。

如果不是运气好，王勃无论如何也不能顺利赶到南昌，遑论名垂千秋了；由于运气极差，穷书生无法靠卖字为生。可见，运气对于个人成败具有一定的影响。

## 三、顺势而为得顺利

说起运势，既有社会发展形势，也有世界潮流，还有地理形势等。就世界潮流而言，当年孙中山先生曾经说："天下大势，浩浩汤汤，顺之者昌，逆之者亡。"意在鼓励革命先烈鼓起勇气，推翻满清帝制，建立民主共和的新中国。因为顺应了当时的历史潮流，所以辛亥革命推翻了清王朝的统治。

就国家而言，也有发展潮流。在 20 世纪全民经商的时代，民间有"十亿人民八亿商，还有一亿在观望"的说法。在当时，很多人抛弃铁饭碗，顺应下海经商的社会潮流，成为改革开放后先富起来的人。

就自然来说，山川走势也是古人关注的对象。就地形而言，中国西北高、东南低，所以李白赞叹说："黄河之水天上来，奔流到海不复回。"（《将进酒》）对于中国的地理形势，在《增广贤文》中，"天上众星皆拱北，世间无水不朝东"，采用对偶的修辞手法，既突出了北极星在星空中的重要地位，又反映了神州大地上大江大河东流入海的情景。

对于社会大势，个体要顺应。社会大势就是个体面对的、自身很难左右的社会大环境和大趋势。《增广贤文》说"顺天者昌，逆天者亡"，提出做人要顺应社会大势。如果顺应社会大势，个体就容易取得成功；如果背离社会大势，个体就很难取得成功。例如，周武王顺利灭商的原因就在于顺应了纣王无道、天命转移的发展大势。

在中国古代，面对统一的历史潮流，不同的君王采取了迥异的策略，产生了不同的历史影响。有些君王选择固守城池、宁死不降，不但个人无法活命，而且连累百姓遭受了刀兵之灾。君王"宁为玉碎，不为瓦全"的做法会带来严重后果，正如《增广贤文》所说："城门失火，殃及池鱼。"也有些君王顺应了历史潮流，牺牲个体的利益，消解了弥天战端。在吴越末年，钱俶主动投降宋朝，成功地将一场战争化于无形。

对于钱俶来说，无论是否投降，都难逃一死。可是，如果吴越国投降宋朝，就可以使两国百姓避免刀兵之灾。钱俶的做法对于他自己而言是不幸的，可是，对于国家民族而言，则是大幸。可见，钱俶是一位贯彻儒家仁爱思想、不贪恋权位的君王的典范。对于钱俶一类顺势而为的人，后人用顺水推舟、乘势而上等成语来赞扬他们。

与顺势而为不同，也有人选择逆势操作。对于逆势操作的人，《增广贤文》告诫说："顺天者存，逆天者亡。"就社会大势而言，古代中国处于"分久必合，合久必分"的治乱循环中。在不同时代，人们都需要顺应当时的社会环境。面对中原王朝的进攻，偏安一隅的小朝廷如果不能顺应统一的潮流，就会出现"螳臂当车"的情况。例如，在刘备死后，诸葛亮靠一己之力支撑着蜀国，对抗魏吴两国。

在三国时期，魏国实力最强，加上其幅员辽阔、兵多将广，占据了天时。吴国也有长江天险作为屏障，占据了地利。蜀国的实力最弱，只能靠人和制胜。所以，在刘备三顾茅庐的时候，诸葛亮就为他定下了三分天下的策略。在刘备的领导下，关羽、张飞、黄忠和马超等人为蜀国的奠基和发展立下了汗马功劳。在关羽、张飞相继过世之后，刘备带领蜀军进攻吴国，希望给两个异姓弟弟报仇。没想到，他被初出茅庐的陆逊打败，最后不得已在白帝城向诸葛亮托孤。刘备死后，诸葛亮苦苦支撑，以攻代守，希望能够维持蜀国的社稷。尽管他六出祁山，可是都功败垂成。等到诸葛亮死后，蜀国就没有什么人才了，过了没多久，蜀国就被消灭了。

除了顺应社会大势，个体在生活中也要顺应地理形势。在生活中，在购买房屋时，人们要顺应当地的地理形势，选择能够安居乐业的房子。即使是自建房屋，也可以顺应地理形势。在古人的心目中，北极星位于天庭的中央，众星都会对它加以护卫。在古代社会中，人们认为：君主就像天上的北极星，臣子应该像星辰围绕北极星一样地效忠君主。就地理形势而言，中国的地势西北高、东南低，黄河和长江都发源于中国的西北地区，随后一路向东流淌，最终汇入大海。由于受到了神州大地宏观地理形势的影响，人们喜欢在家居环境中模仿这一点。在中国农村，人们喜欢把自家庭院的排水口放在院子的东南方，这就是在顺应华夏大地的地理形势。

一个人要取得成功，不仅要顺应社会大势，还要顺应地理形势。除此之外，人们还应该具有关爱自然、泽被后世的环保意识。

### 四、敬畏自然讲环保

在《增广贤文》中，"但存方寸地，留与子孙耕""近河不得枉使水，近山不得枉烧柴"等条文具有明显的环保意识。理解了这两句话，人们就可以懂得保护环境、实现可持续发展的道理。

面对大自然，人类应该永远保持一颗敬畏之心。如果人类违背自然规律，破坏了生态平衡，就会给自己带来灾难。随着工业文明和消费文化的发展，全球都面临日益严重的环保问题。气候变暖、生物灭绝、交通拥堵、空气污染等，不仅让关心环保的人士忧心忡忡，而且让普通人深受其害。在人类历史上，由于违背自然规律而遭受惩罚的例子有很多。比如，为了帮助可爱的野鹿，美国人曾经好心办了坏事。

为了帮助可爱的野鹿，美国人曾经屠杀野狼。在野狼灭绝后，野鹿不但吃光了野草，而且毁坏了林木，还严重威胁了当地其他食草动物的生命。更可怕的是，鹿群出现了饥饿和疾病，体质不断下降，种群数量也开始锐减。究其原因，狼的捕猎可以逼迫野鹿奔跑，并消灭老弱病残，起到提高鹿群的身体素质和控制鹿群数量的双重目的。为了恢复生态平衡，人们不得不"引狼入室"。随着时间的流逝，野狼的数量开始增加，鹿的数量也得到了控制。当地的生态平衡逐步得到恢复，森林又恢复了往日的生机。因此，在发展经济的同时，人类一定要尊重自然规律，不然就会遭到自然的无情报复。为了人类的长远利益，人们一定要对自然保持一颗敬畏心，注意保护环境，努力保护生物多样性。

总之，面对悲喜交加的人生境遇，人们应该践行儒家的命运观，满怀"但有绿杨堪系马，处处有路通长安"的豪情，勇敢面对命运的挑战，努力创造美好灿烂的人生。

综上所述，通过解读《增广贤文》背后的命运观，人们就能发现儒、释、道命运观的现代价值。例如，庄子的命运观的价值在于"实现心灵自由，为逍遥蓄势"①。面对生死带来的人生困顿，"庄子将现实的惨淡归因于'本真之'的凋敝，并强调护养'本然人性'，避免世俗功利私欲价值和道德智巧对实现人生终极自由造成屏障"②。此外，人们还能发现《增广贤文》的编纂者没有门户之见，拥有海纳百川的胸怀，广泛选择合适的素材。但是，儒家思想对其的影响是最大的，"竹篱茅舍风光好，道院僧房终不如"就反映了这一点。总之，《增广贤文》揭示了命运的奥秘，并提出了有效的应对策略。

① 　王焱.论庄子安命说的意义与局限 [J].内蒙古社会科学（汉文版）,2009,30（2）:
71-74.
② 　张磊.庄子生死观价值论维度探析 [J].学术论坛,2013,36（6）:11-15.

# 第三章　修身齐家视域下的
# 理想人生

　　世界是由国家组成的，国家又是由家庭组成的，家庭是由个体构成的。孟子说："天下之本在国，国之本在家，家之本在身。"（《孟子·离娄上》）因此，"家庭管理的好坏直接关涉到国家统治秩序及社会的稳定发展"①。与孟子的观点类似，《大学》也说："古之欲明明德于天下者，先治其国。欲治其国者，先齐其家；欲齐其家者，先修其身；欲修其身者，先正其心；欲正其心者，先诚其意；欲诚其意者；先致其知；致知在格物。"格物是致知的手段，致知的目的是具备诚意，而诚意是正心的途径。正心是修身的手段，修身是齐家的手段，齐家是治国的手段，治国是治理天下的手段。可见，"儒家文化育人思想的宗旨是修身、齐家、治国、平天下"②。

　　作为社会的细胞，"家庭不仅是儿童社会化的场所，而且是亲人相互扶持、相互依存的共同体"③。正是因为家庭在社会中具有重要地位，所以中西文化的家庭哲学都"有对家庭之爱的存在论依据、人性论根源和社会哲学基础的深入探究"④。在儒家文化中，家庭是内圣走向外王的起点，而修身则是基础。个体要成为家庭中的合格个体，就要修身。

　　个体要修身，就要恢复人性之善，原因是人性本善、反本复初是儒家的主流观点。个体要修身，还要遵循与人为善的通行法则。中国人喜欢讲面子，如果一个人说话做事不给别人留情面，就会遭到别人的排挤，

①　钱焕琦.试论我国家庭教育伦理思想的发展与继承[J].中国文化研究，2000（2）：70-73，145.

②　张军成，赵明明.儒家文化育人：历史共生与现实契合[J].重庆社会科学，2015（8）：63-69.

③　彭永捷.中国政治哲学史：第2卷[M].北京：中国人民大学出版社，2017：306.

④　许苏民.中西家庭哲学异同辨[J].学术研究，2023（7）：32-48，177.

甚至会受到打击报复。在家庭内部，同样要遵守与人为善的原则，因为家庭不仅是检验"修己以安人"的场所，更是实现"修己以安天下"的重要一环。那么，在家庭内部，如果想要处理好家庭成员之间的关系，不但要遵循长幼有序的秩序，也要践行仁爱思想。

只有在家庭内部践行仁爱思想、遵循与人为善的原则，才能实现齐家之道。而齐家之道的实现，又说明了修身的成功。与此同时，只有修身成功，一个人才能更好地自我保护。受此文化影响，《增广贤文》分别从个人修身、齐家之道、自我保护等角度，总结了开启理想人生的要诀。

# 第一节　个人修身

儒家非常重视个人道德修养，因为个人道德修养"是个体的理性自觉与义理悟性的统一，是个体自我参照和社会关系参照的统一，是家庭伦理、民间伦理和社会伦理的统一，走的是一条修己及人、关怀社会的道德完善之路"[①]。在儒家看来，如果一个人要进行道德修养，就要做到表里如一，就要有容人之量，就要讲求诚信、结交益友。受此观念影响，《增广贤文》收录了"结交须胜己，似我不如无""但行好事，莫问前程""饶人不是痴汉，痴汉不会饶人"等条文。

## 一、道德修养有方法

在儒家的视野中，道德修养可以融洽人际关系，可以提高个体的生命境界，可以实现与天道的合一。按照水平由低到高的标准，生命境界依次是君子、贤人和圣人。虽然圣人是个体能够达到的最高境界，但在现实世界中，它只是个人完成自我超越的、可望而不可即的理想。虽然

---

① 李殿森，靳玉乐.儒家的自我修养观及其对现代德育的启示[J].思想理论教育导刊，2005（5）：71-76.

圣人境界难以企及，但它依然是值得个体效法的榜样。在向圣人不断靠拢的过程中，个体就能成为君子。

从孔子开始，"君子由原来意义上的有位之人，演变为孔子心目中的具有理想人格之人"[①]。君子之所以能够成为理想人格，关键在于其具有超高的道德水准，而君子之道则"体现了自然之道、社会之道与做人之道的内在统一"[②]。如果一个人想成为君子，就应该严格要求自己，使自己具备智、仁、勇三种德行。

## （一）慎独

《礼记·中庸》说："莫见乎隐，莫显乎微，故君子慎其独也。"这是说君子应该表里如一，即使是在独处时，也要严格要求自己。可见，君子对自己的严格要求集中表现在慎独上。所谓"慎独"，就是说一个人即使是在独处，也要有敬畏心；就是说君子要时时刻刻心存善念，事事处处行善积德。对慎独的解释，还可以从空间和精神两个维度进行，"从空间维度上分析，'慎独'既扬弃公、私之异，又超越两者之别，化私入公，融独为众；'慎'的一贯与一致性消融弥合了人前私下的双重伦理空间，从而克服了异化与分裂。从精神维度而言，'慎独'指涉诚实守诺，对理念信仰、对礼义、对使命诺言的绝对坚守践行，追求的是一种极致化的道德自律和自我教化，从而实现自我统一、文质彬彬，俯仰均自足自信"[③]。可见，慎独既是成为君子的必要手段，也有利于实现个人与社会、个人与自然的和谐统一。

要说明慎独的必要性，还要研究儒家对德福关系的看法。德福关系

① 罗安宪.孔子的君子论及其现代意义[J].探索与争鸣，2009（3）：62-66.

② 高书国.中国君子精神的内涵、特征与现代化[J].中国教育科学（中英文），2023，6（6）：68-74.

③ 马爱菊.君子证成：曾子"慎独"思想辨析[J].孔子研究，2023（1）：77-82，158-159.

是中西哲学颇为关心的问题。在近代哲学中，康德把上帝当作德福一致的保障。在儒家哲学中，人类既是认识主体，又具有体认命、实现命的道德自觉意识。在人类仁民爱物的过程中，"人与物相互成就，福就在人实现自己天命的现实过程中生成"①。

### （二）儒家德福观

在儒家看来，个体通过修养道德，就能成人达己、成就自然万物。在这一过程中，个体命运就得到了改善，现实的福报也会随之而来。儒家认为，"大德必得其位，必得其禄，必得其名，必得其寿"（《礼记·中庸》）。意思是如果一个人达到高层次的人生境界，就能获得地位、福禄、名声和长寿。可见，在儒家的思想中，行善积德与福寿康宁之间存在着正相关关系。

### （三）如何慎独

在儒家思想的影响下，人们相信"人间私语，天闻若雷；暗室亏心，神目如电"。所以，《增广贤文》才有"平生不做亏心事，不怕半夜鬼叫门""万事劝人休瞒昧，举头三尺有神明"等说法。

如果个人在修身时注重慎独，就有利于提高自我的道德修养水平。如果官员能够做到慎独，就能防治腐败。在历史上，讲究慎独的杨震，曾经用"天知、地知、你知、我知"来拒绝下属的贿赂。

杨震是东汉人。由于他比较贤明，所以被大将军邓骘征召，成为秀才。在做官之后，他在每个岗位上都能勤政爱民，于是多次得到升迁。有一次，他在赴任的途中经过昌邑，住在驿馆里面。当时，担任昌邑县令的王密曾得到他的推荐。为了感谢杨震的知遇之恩，王密就带了一百

---

① 冯晨."大德者必受命"：儒家德福关系的内在逻辑[J].哲学分析，2023，14（5）：39-56，197.

两白银来到驿馆。杨震对王密说："我知道你是什么样的人，你却不知道我的个性。"王密赶忙说："我来拜访您这件事，没有别人看见。"杨震说："胡说。这件事天知道、地知道，你知道，我也知道。怎么能说没有人知道呢？"王密一听非常羞愧，就带着银子灰溜溜地离开了。

因为用"天知、地知、你知、我知"来拒贿，杨震得以万世流芳。他的后人也为此感到自豪，在修纂族谱时，给自己的家族起了个"四知堂"的堂号。如果官员们都能像杨震一样，反腐倡廉就会变得容易许多。

### （四）心存善愿

《周易·系辞传》里讲"生生之谓易"，大意是说生生不息是天道运行的规律。因此，人类应该效法刚健有为的天道。从个人角度来说，人们要做个自强不息的人；从个人与他人、个人与自然的角度来说，人们要从仁爱出发，做到仁民爱物。孟子说："君子之于物也，爱之而弗仁；于民也，仁之而弗亲。亲亲而仁民，仁民而爱物。"（《孟子·尽心上》）这是说，君子关爱自然万物，却不会对它们有仁爱之心；君子对亲人之外的普通民众，既会有仁爱之心，又不会把它与亲情混为一谈。因此，仁爱的施行是由血缘亲情起步，先推广到民众之中，再推衍到关爱自然万物的。孟子的仁民爱物思想集中体现了儒家的爱有差等原则，可是这一思想"仍然是将万物看成是外在于自己的'他物'而爱之，如此，则不爱万物对人并无损害，因而不能确保'爱物'落在实处"[1]。尽管孟子的仁爱思想体现了对于生命的尊重，但是，这一思想仍然有自己的局限。

程颢的仁学体系既继承了孟子的仁民爱物思想，又有所创新。程颢将他物与人融合为一体，不但实现了仁民，而且实现了爱物，还打破了

---

① 白奚.仁爱观念与生态伦理[J].首都师范大学学报（社会科学版），2002（1）：98-102.

孟子仁民爱物思想的局限。在程颢看来，"万事万物是一体无隔、内在互通、生化日新的，人类和自然万物形成了一个生死与共、休戚相关的有机生命共同体和道德共同体"①。所以，个体践行仁爱思想，就是在贯彻天道的要求，就可以提升自己的生命层次，就有可能实现天人合一。在程颢仁学思想的影响下，《增广贤文》说："人有善愿，天必佑之。"所谓善愿，即是善待他人、他物的意识。只有一个人善待他人他物，践行仁爱思想，才能符合天道的要求，才不会犯错，故"天必佑之"。由此看出，天佑的前提是个人拥有良好的道德修养。

要想心存善愿，在与人打交道时，人们就应该摆脱现实的利害考虑。因此，一个人应该"但行好事，莫问前程"，原因是"善必寿考，恶必早亡"。与此同时，在传统中国社会，个人在人际关系中，还要遵循三纲五常。因此，《增广贤文》说："谁人不爱子孙贤，谁人不爱千钟粟，奈五行不是这般题目。"

需要说明的是，此处的"五行"并非金木水火土，而是五常，即仁、义、礼、智、信。在儒家看来，一个人要在社会中立足，就要遵循仁爱、道义、礼仪、智慧和诚信五种美德。在古代，人们把"君为臣纲，父为子纲，夫为妻纲"称为"三纲"，要求做臣子的要服从君主，做儿子的要服从父亲，做妻子的要服从丈夫。到了唐代，孔颖达把"父义、母慈、兄友、弟恭、子孝"称为五常。后来，人们把"三纲五常"作为处理人际关系的道德准则。在历史上，"三纲五常"在维系社会秩序、维护公序良俗等方面，发挥了一定的积极作用。在现代，夫妇之伦成为人伦之始，以平等与尊重为价值纲领的"新型的家庭伦理、社会伦理和民主政治"②成为人们公认的家庭规范。由此，"三纲"已经失去了时代意义，而"五常"也需要重新理解。

心存善愿除了可以提升人生境界，还可以帮人们减少现实的波折。

---

① 李永富，李新春.论程颢仁学的生态意蕴[J].中国哲学史，2015（1）：57-62，88.
② 李存山.重视人伦，解构三纲[J].学术月刊，2006（9）：44-46.

在现实生活中，如果人们能够行善积德，不仅可以减少人际关系的冲突，甚至可以保护身家性命。如果人们能牢记《增广贤文》的忠告，真正做到与人为善，那么"平生莫作皱眉事，世上应无切齿人"的理想人生就会成为现实。

### （五）为善去恶有方法

首先，要为善去恶，就要立下"善事可作，恶事莫为"的志向。为善去恶也不必区分大事小情，应该是"一毫之恶，劝人莫作；一毫之善，与人方便"。在具体操作上，《增广贤文》提出了防微杜渐、推己及人、换位思考等做法。

防微杜渐的思想来源于《周易》，《周易·坤卦》里面讲"履霜，坚冰至"，意思是说在深秋的早晨出门后，如果看到地上有了薄霜，那就应该预见滴水成冰的寒冬为期不远了。那么，如何防微杜渐呢？儒家主张推己及人，要求人们做到"责人之心责己，恕己之心恕人"。因此，《增广贤文》说"守口如瓶，防意如城"，意思是说不该说的话不说，严格遏制膨胀的欲望和无尽的贪念。《增广贤文》还说"再三须重事，第一莫欺心"，要求人们遇事要再三思考，但最重要的是凭良心。所谓良心，就是儒家所说的良知、良能，代表的是行善积德的道德规范。而"百年成之不足，一旦败之有余"，则说明了道德修养形成的不易。

其次，要为善去恶，就得态度鲜明。在与人交往时，人们应该做到"见善如不及，见恶如探汤""宁可正而不足，不可邪而有余"，牢记"宁向直中取，不向曲中求"。在做人做事时，人们除了态度鲜明，还要有自信，要相信"根深不怕风摇动，树正何愁月影斜"。

最后，要为善去恶，还得有主动性。作为中国人，要懂为仁由己的道理，原因是"使口不如自走，求人不如求己"。即使自己已经年龄很大了，也要有"朝闻道，夕死可矣"（《论语·里仁》）的好学之心。因此，

《增广贤文》告诫人们说："人老心未老，人穷志不穷。"只有树立远大的志向，将道德修养一以贯之，才能真正实现为善去恶的目标。

如上所述，慎独是成为君子的必要前提，德福观为慎独提供了必要性。个人在修身之时，除了慎独、心存善念、与人为善，绝不能小肚鸡肠，必须有宽广的胸怀。

## 二、胸襟宽广少烦恼

儒家提倡宽容，强调"礼之用，和为贵。"（《论语·学而》）仁是儒家的核心思想，孔子从多个角度对其进行了解释。在回答子张如何让天下归仁的问题时，孔子曰："恭、宽、信、敏、惠。恭则不侮，宽则得众，信则人任焉，敏则有功，惠则足以使人。"（《论语·阳货》）只有一个人能够时时处处奉行恭敬、宽厚、诚实、敏锐、恩惠五种德行，才算是仁者。只有尊重他人，一个人才不会受到侮辱；如果宽以待人，一个人就能得到人们的支持；如果一个人讲究诚信，就能得到他人的信任；如果一个人耳聪目明、处事敏捷，就能建立功勋；如果国君泽被天下，就能够获得他人的真心服从。可见，"仁"天然地包含宽容之义。在解释何为宽容时，孔子又说："泛爱众而亲仁。"（《论语·学而》）这句话是说一个人应该发扬仁的博爱意义，既广泛地关爱他人，又亲近、效法仁者。可见，只有宽以待人，才能践行仁德。

与孔子一样，荀子也看重宽容在道德修养上的价值。荀子说："君子能则宽容、易直以开导人，不能则恭敬、缚绌以畏事人。"（《荀子·不苟篇》）大意是说，如果君子有才能，就宽宏、正直地来启发引导别人；要是没有才能，就恭敬、谦虚、退让地小心侍奉别人。在解释何为"仁"时，董仲舒说："何谓仁？仁者憯怛爱人，谨翕不争，好恶敦伦，无伤恶之心，无隐忌之志，无嫉妒之气，无感愁之欲，无险诐之事，无辟违之行。故其心舒，其志平，其气和，其欲节，其事易，其行道，故能平易和理而无争也，如此者，谓之仁。"（《春秋繁露·必仁且知》）有仁德的人关爱他人、不好争论、无嫉妒之心，无伤天害理之事；有仁德的人心平气和、节制欲望，所以处事能够平易近人。在《原道》中，韩愈说："博爱之谓仁。"在韩愈看来，宽以待人、博爱他人，就是仁的内在要求。可见，宽容确系儒家仁学思想的应有之义，"儒家"尚仁""贵和"，特别推重宽容的实践价值意义；但又有非常强烈的排斥异端的思想，坚持宽不容恶的道德原则"①。

受到儒家宽容思想的影响，《增广贤文》也认为，做人应该胸襟宽广，不能小肚鸡肠。于是，《增广贤文》之中也有不少有关宽容的条文，如"饶人不是痴汉，痴汉不会饶人""谁人背后无人说，哪个人前不说人"。

### （一）换位思考不苛求

在儒家宽容思想的影响下，《增广贤文》告诫人们说"饶人不是痴汉，痴汉不会饶人"。在《增广贤文》编纂者看来，只有能够宽以待人、严以律己，一个人才算是君子。因此，古人有"将相顶头堪走马，公侯肚内好撑船"的说法，这一说法是希望普通人也能够学习宽宏大量的帝王将相，在日常生活中宽以待人。在《三国演义》中，多疑的曹操曾经错杀朋友吕伯奢一家。人们要吸取曹操的教训，做到"宁可人负我，切莫我负人"。既然"谁人背后无人说，哪个人前不说人"，那就不妨活得大度一点，不要记恨说过自己坏话的人。在唐代，代宗皇帝就曾沉着冷静地用几句妙语将可大可小的一场争端化为家庭琐事，成功地避免了两败俱伤的后果。

由于在平定安史之乱的战争中立下了汗马功劳，郭子仪被封为汾阳王。当时的皇帝是唐代宗李豫，他把女儿升平公主嫁给了郭子仪的儿子

---

① 　苗润田.论儒家的宽容思想[J].东岳论丛，2006（6）：200-204.

郭暧。一方面，就身份而言，公主是金枝玉叶，公婆要向她行礼；另一方面，按照孝道，儿媳也要向公婆问安。有一次，公婆向升平公主行礼，她面无愧色地坦然接受。可是，她却不仅一直不向公婆问安，还拒绝为公公贺寿。郭暧有些不满，就和她吵了起来。在争吵之中，郭暧脱口而出，说："你不过是仗着你爹是皇帝才这么猖狂。要知道，我父亲是不愿意当皇帝，你爹才能当上皇帝的。"说完后，郭暧还想动手打公主。郭子仪夫妻一见，赶紧拉住，并责怪儿子。

满心委屈的公主离开婆家，进宫向父亲告状，原原本本地把丈夫的不当言论讲给父亲听，希望他能够惩处婆家人。谁知，唐代宗一听，马上说："驸马说得对啊。如果郭子仪想当皇帝，天下早就不是我们李家的了。"正在这时，郭子仪押着捆绑结实的儿子来向皇帝请罪，跪地请求皇帝从重惩处。皇帝赶快下令左右扶起郭子仪，赐座给他，又宽慰他说："这不过是小两口的闺房琐事，何必斤斤计较呢。"皇帝又亲自给驸马松绑，并悉心宽慰小夫妻两个。在唐代宗的巧妙处理下，一场弥天争端化为无形。后来，文人们把这个故事改编为戏曲《打金枝》。

在这个故事中，唐代宗和郭子仪说话做事都比较得体。由于郭子仪的势力比较大，历史上说他"权倾天下而朝不忌，功盖一代而主不疑"（《旧唐书·郭子仪传》）。一方面，如果郭子仪倚仗军功，不把皇帝放在眼里，就有可能被杀头；另一方面，倘若皇帝真按谋反来惩罚郭子仪，则可能会激起兵变，进而会影响李唐王朝的统治。

在今天，人们应该效法唐代宗和郭子仪化解争端的方式，在待人接物时学会换位思考，不可斤斤计较，原因是"用心计较般般错，退步思量事事宽"。

### （二）与人为善不计较

在儒家看来，做人除了要心胸开阔，还需能够体谅别人。因此，《增广贤文》提醒人们"只有和气去迎人，哪有相打得太平"。又说"君子乐得做君子，小人乐得做小人"，提醒人们不要怕别人的闲话，要坚持自己的道德追求。《增广贤文》还主张宽以待人，反对斤斤计较，指出"用心计较般般错，退步思量事事宽"。可见，如果人们能够牢记这些古训，就能减少人际关系方面的困扰。

不管人们处在何种社会地位，都无法满足自己的所有愿望，也都会碰到许多不如意。一个人是否幸福，就取决于他如何看待这些不如意。毛泽东同志在《七律·和柳亚子先生》一诗中，使用"牢骚太盛防肠断，风物长宜放眼量"两句，说明了做人应该看淡得失，学会放眼将来。可见，处世豁达洒脱的人不会计较外在得失，不会在意别人的闲话，做事但求问心无愧。

与乐于宽以待人的人不同，做事拘谨执拗的人会苛求社会，对于很多小事都感觉不满意，遇到大事又变得患得患失。如果一个人处处苛求、时时不满，就会出现"水至清则无鱼，人至察则无谋"的情况。所以，做人要多一点豁达洒脱，少一点拘谨执拗。进而，在现实生活中，人们不仅应该珍惜自己拥有的，而且要学会把握现在的机会，这样才能够获得快乐。

先秦儒家不仅关注道德养成，也对快乐有过论述。孟子云："君子有三乐，而王天下不与存焉。父母俱存，兄弟无故，一乐也。仰不愧于天，俯不怍于人，二乐也；得天下英才而教育之，三乐也。"（《孟子·尽心上》）在孟子看来，即使有人用君王的权位来交换，君子也不愿意放手的快乐有三种：其一，父母健在，兄弟没有亡故；其二，上对得起天，下对得起人；其三，教育英才，桃李满天下。如果人们能够与人为善，就能够获得孟子所说的第二种快乐。在当今时代，因为压力过大，不少人出现了抑郁倾向。如果抑郁的人能够认真体味孟子的快乐观，可能会有帮助。

在孟子的三种快乐中，父母健在和兄弟无故都说明了身体健康是首要的快乐。在消费主义大行其道的当代社会，要想保持身体健康，人们就需要学会乐观看待人生。

### （三）乐观看待人和事

在人生观上，《增广贤文》反对消极悲观，主张积极乐观。在《增广贤文》中，"留得五湖明月在，不愁无处下金钩"反映的就是乐观向上的人生态度。在尽人事方面，乐观的人能够百折不挠，更易充分发挥自己的优势；而悲观的人则容易过早放弃，很难开发出自己的潜能。所以，对于莫测的前途，人们要永远保持乐观向上的态度。即使是在今天，乐观向上依然"是一种人性的本真，是人们永远追求的精神基站"①。

以现代的眼光来看，《增广贤文》的乐观思想与积极心理学具有不谋而合之处。从研究内容上讲，积极心理学不再研究抑郁、悲伤等情绪，转而"强调积极的价值取向，倡导建立积极的人格特质、积极的组织系统以及积极的情绪体验"②。一个人要想获得成功，必须同时具备能力、动机和坚持三大要素。所谓能力，就是一个人承担某项工作所需要的才能；所谓动机，就是一个人想获得成功的渴望；所谓坚持，就是一个人不会被挫折击倒，具有一往无前的毅力。而一个人能否坚持，取决于他的人生态度是乐观还是悲观。

所谓乐观，就是一个人把眼下的逆境和厄运看作个别的、暂时的，坚信经过自己的努力，一定会前程似锦；所谓悲观，就是一个人把眼前的坎坷与波折看作普遍的、永久的，认为即使自己再努力，也无法走出困境。乐观和悲观是两种截然相反的人生态度，前者的优势在于能够活得快乐，也容易取得成就；后者的优势是活得清醒，代价是活得辛苦。在历史上，面对昏庸无道的纣王，身陷囹圄的周文王不但没有伤心绝望，

---

① 王秀华.《增广贤文》中的心理学解读 [J]. 湖北第二师范学院学报,2015,32（1）:
80-82.

② 桑林溪，吴小玲，程子雨.积极心理学视域下贫困生心理健康促进性研究 [J]. 遵义师范学院学报，2023，25（4）:156-159.

反而借机思考社会人生，最终成为后世推崇的贤明君主。

平心而论，过分乐观的人容易忽视生活中的危险，而悲观的人则可能夸大社会中的负面因素。因此，在生活中，人们既不能盲目乐观，又不能过于悲观。一件事情是否应该乐观，要看失败后的结果如何。如果失败后，结果无关紧要，那么不妨大胆乐观；如果事情失败带来的后果很严重，那人们就要悲观一点。例如，对于酒后开车、考试作弊等事情，万万不可心存侥幸。

### （四）当仁不让尽责任

在个人修身中，除了保持乐观，人们还应该勇于承担责任。面对外界的不利环境，孔子主张避其锋芒。他说："危邦不入，乱邦不居。"（《论语·泰伯》）意思是说不要进入发生战乱的国家，不要居住在社会秩序混乱的国家。从尊重个体生命、避免无谓牺牲的角度来看，孔子的思想有其无法忽视的价值。与此同时，孔子倡导中庸思想，反对走极端。他说："中庸之为德也，其至矣乎！"（《论语·雍也》）意思是说，中庸是最高的德行。在生活中，普通人很可能把这一思想理解为明哲保身。

在《增广贤文》中，也能够看到很多明哲保身的内容。例如，"见事莫说，问事不知。闲事休管，无事早归""是非只为多开口，烦恼皆因强出头""守口如瓶，防意如城"等。在个体层面，在无法改变外部环境的情况下，一个人选择明哲保身，至少可以保护自己的利益。因此，人们不必对明哲保身过于苛责。但是，对于社会来说，明哲保身却有明显的弊端。如果面对社会中的不正之风，大家都不愿意勇敢面对，都想绕着走、搭便车，都不敢推动社会的进步，那么，社会的前进和个体的长远利益，都会受到影响。所以，人们不可一味明哲保身，要有直面惨淡人生的勇气，勇敢推动社会稳步前进。

总之，面对悲喜莫测的前途，人们应该满怀"但有绿杨堪系马，处处有路通长安"的宽广胸怀和满腔豪情，勇敢面对命运的挑战，努力创造美好灿烂的人生。除此之外，人们不仅要树立正确的义利观，还要懂得健康对个人的重要性。

## 三、义利兼顾重健康

在义利观上，儒家提倡重义轻利，讲求义利之辨。孔子说："富与贵，是人之所欲也；不以其道得之，不处也。贫与贱，是人之所恶也；不以其道得之，不去也。"（《论语·里仁》）这句话的意思说，虽然富贵是人们希望得到的东西，却不能通过非法途径获得它。贫贱是人们厌恶的东西，如果不是因为犯错而使自己变得贫贱，就不会特意去逃避它。此外，《周易·系辞传》说："崇高莫大乎富贵，备物致用，立成器以为天下利，莫大乎圣人。"这句话是指，以富贵为最高的事业，通过发明器物满足民众的需要，是圣人最大的德行。朱熹认为，"富贵，谓有天下履帝位"[①]。如果君王拥有天下、登上帝位，就应该为民众提供质量有保证的公共产品，让天下人都能衣食无忧、安居乐业。可见，《易传》作者看重财富在满足天下人物质生活需要方面的价值。可见，儒家并不抵制发财致富，反对的是赚取不义之财。因此，儒家提倡义利之辨，义利之辨"是心理动机上的怀义、怀利之辨，是儒家基本的修身实践工夫"[②]。

### （一）义利兼顾

义与利具有明显差异，前者与人的社会属性有关，考虑的是精神层面的富足；后者跟人的自然属性关联，顾及的是物质层面的幸福。董仲舒说："天之生人也，使人生义与利。利以养其体，义以养其心。"（《春

---

① 朱熹.周易本义[M].廖名春，点校.北京：中华书局，2009：240.

② 金富平.义、利不可以轻重论：儒家义利观考察[J].江淮论坛，2021（5）：106-110.

秋繁露·身之养重于义》）如果义利之间发生冲突，儒家提倡"先义后利，因为是义使人类生活不同于其他的生活形式"[①]。在儒家看来，如果人们一味追求利益，就会使自身丧失社会属性，甚至会沦为禽兽。进而，一旦每个人都只顾及自身的利益，那么，社会就会出现家庭破裂、朋友反目、臣弑其君、子弑其父等惨剧。因此，孟子才会说："上下交征利而国危矣。"（《孟子·梁惠王上》）在政治失序的情形下，每个人的自身利益也将因为无秩序而难以得到保障。因此，儒家希望通过建构理想社会的秩序，借助社会整体福利的推进，来满足个体的基本生活需要。可见，从社会层面来看，儒家的义利思想"倡导正确处理义与利的关系，主张义重于利，义利统一"[②]。就个体而言，只有人们明辨义利，才能实现个人修身。如果每个人都能修身，那么，整体家国天下的和谐通泰也就具备实现的可能性了。

受到儒家义利思想的影响，《增广贤文》强调"君子爱财，取之有道"，反对见利忘义，要求人们做到"莫怨自己穷，穷要穷得干净；莫羡他人富，富要富得清高"。如果人们不能勤劳致富，就要安贫乐道，原因是"贫穷自在，富贵多忧"。如何做到安贫乐道，《增广贤文》说"君子固穷，小人穷斯滥矣"。在生活艰难时，君子能够坚持自己的理想和抱负，不会被生活的重担击垮；而小人则会放弃平时的伪装，不择手段地追求利益。所以，人们要做"贫寒休要怨，富贵不须骄"的君子。

## （二）何为幸福

在《增广贤文》编纂者看来，与其追求事业成功、家财万贯，不如追寻身体健康和家庭幸福。原因是"黄金未为贵，安乐值钱多"。如果家

---

① 黄勇.良好生活的两个面向：对儒家义利观的美德论解释[J].学术月刊，2022，54（8）：5-15.
② 刘建花，刘艳丽.儒家义利思想的现代转换及在企业社会责任培育中的价值[J].济南大学学报（社会科学版），2021，31（3）：151-156.

庭分崩离析，事业成功和巨额财富都可能失去意义，原因是"父母恩深终有别，夫妻义重也分离"。对于老年人来说，应该庆幸"酒债寻常行处有，人生七十古来稀"。如果生逢太平盛世，老人往往会感叹"幸生太平无事日，恐逢年老不多时"，其实，身体健康、心情快乐和家庭幸福才是人世间最大的幸福。

在中国，父母最牵挂子女的健康、平安。唐代诗人孟郊曾经写过一首名为《游子吟》的诗歌。诗中这样写道："慈母手中线，游子身上衣。临行密密缝，意恐迟迟归。谁言寸草心，报得三春晖。"这首诗既描绘了母亲对儿女的关心，更写出了中国人对于健康平安的重视。

另外，对待破财的情况，《增广贤文》安慰人们说："有福伤财，无福伤己。"这是说如果一个人损失了钱财，其实并不要紧，只要人平安，即使丢失钱财，也可以再挣。虽然人们都喜欢青春年少，可是却终将老去。因此，《增广贤文》提出"人见白头嗔，我见白头喜，多少少年亡，不到白头死"，再次提醒人们健康平安最重要。

### （三）劳逸结合

如果一个人想要身体健康，除了兼顾义利、了解幸福，还应该劳逸结合。在历史上，孟子既要求统治者在使用民力时注意季节，也希望民众可以劳逸结合。因此，在《增广贤文》中，儒家的劳逸结合思想表现为既倡导个人努力，又鼓吹及时行乐。

在古代的宫廷建筑中，一般会遵循前朝后寝的布局。前朝即统治者白天上朝、理政之处，而后寝则是君王后妃休息之所。如果人们只工作学习，不会娱乐放松，那么不但工作效率不高，身体也会出问题。反过来，如果有人一味娱乐放松，不知勤奋学习和努力工作，那么不仅个人无法取得任何成就，还可能会无事生非。在现代社会，人们面临越来越大的竞争压力，生活节奏也日益加快。所以，人们更应该懂得张弛有度的道理。

在人生中，一方面，人们应该努力奋斗，像贝多芬那样用自己的双手，扼住命运的咽喉；另一方面，在繁忙的工作之中，人们也要注意休息充足。此外，面对人生的挫折、逆境，人们还应该豁达看待。

## 四、诚信二字值千金

孔子说："民无信不立。"（《论语·颜渊》）意思是说，一旦离开诚信，就会国将不国。诚信之所以这样重要，是因为它"是一个社会得以平稳运行的重要道德基础"①。从内涵上讲，诚信以内心真诚为起点，以讲求信义为过程，以取信于人为终点。再从地理环境来看，"黄河中下游地区悠久早熟的农业文明，孕育了中华先民对大自然的'诚信感'以及对自身力量的自信"②。在历史上，儒家讲求诚信的思想在维护经济秩序、实现理想政治秩序、促进道德建设等方面，都发挥了无可否认的正面作用。

在《西游记》中，石猴从水帘洞中出来后，说了一句"人而无信，不知其可也"（《论语·为政》），要求猴群拥戴自己为王。石猴引用的是孔子的话，即如果一个人不讲诚信，就像大车没有车辕与轭相连接的木销子、小车没有车辕与轭相连接的木销子，也就无法在社会中立足了。可见，孔子反对言行不一、言过其实，主张言行一致、表里如一。在儒家诚信思想的影响下，《增广贤文》提出："许人一物，千金不移。"要求人们遵守诺言。在生活中，人们在发誓时，也常常用"一言既出，驷马难追"来表明自己的决心。不但普通人要讲诚信，而且帝王更要以身作则。因此，面对周成王的戏言，周公要求他要言行一致。

在周武王去世之后，周公辅佐年幼的周成王登上了王位。有一天，在和弟弟叔虞玩耍的时候，成王从地上捡起一片桐叶，把它剪成了玉圭形状。他对叔虞说："我把这个玉圭送给你，过两天还要把你封到唐国去

① 胡安宁，王益鸿."诚信"培育机制的儒法传统及其当代表现：一项经验社会学的考察[J].东南大学学报（哲学社会科学版），2023（2）：96-105.
② 孙海燕.论儒家现世精神的起源[J].人文杂志，2023（9）：14-23.

做诸侯。"说完后，他就把桐叶交给了弟弟，叔虞非常高兴地接受了。有人把这件事报告了周公，周公就询问成王："此事是否属实？"成王表示："我没打算封他做诸侯，只是开了个玩笑。"周公说："君无戏言，你不能言而无信。"于是，周成王就把唐国封给了叔虞。唐国的都城位于晋南，就在今天山西省翼城县的东南。由于唐国境内有条河名叫晋水，所以叔虞的儿子燮就把国名改为了"晋"。后人把这个故事叫作"桐叶封弟"，并对其中反映的诚信思想大加赞赏。

由于讲究诚信，周公被后世儒家学者大力赞扬。儒家主张，做人要言行一致，反对夸夸其谈。《增广贤文》也用"画水无风空作浪，绣花虽好不闻香"来提醒人们纸里包不住火。要知道，假话即使重复一千遍，也不会变成真理，总会被事实戳穿，原因是"黄芩无假，阿魏无真"。因此，人们要记住"假缎染就真红色，也被旁人说是非"，不可心存侥幸。

有道是"独学而无友，则孤陋而寡闻"（《礼记·学记》）。在个人修养方面，除了行善积德、胸襟宽广、讲求诚信，人们还应该结交益友。

## 五、结交益友共切磋

在漫漫人生路上，每个人都是独行的过客。若是有人同行，就可以增添勇气和欢乐。除了亲人，朋友也能成为同行的伙伴。按照是否能够带来正面帮助，朋友可以分为益友和损友两类。孔子说："益者三友，损者三友。友直，友谅，友多闻，益矣。友便辟，友善柔，友便佞，损矣。"（《论语·季氏》）这是说益友包括正直、诚信、见闻广博的朋友，损友包括旁门左道、两面三刀、花言巧语的朋友。在古代，"三姑六婆"就是妇女的损友。要想在道德修养中获得朋友的帮助，人们就应该结交益友，绝不能结交酒肉朋友。在谈及结交益友的好处时，朱熹解释说"友直，则闻其过；有谅，则进于诚；友多闻，则进于明"[①]。意思是说，如

①　朱熹.四书章句集注[M].中华书局，1983：171.

果朋友正直，人们就能了解自己所犯的过错；如果朋友讲求诚信，那么，人们也能向人家学习，做一个诚实守信的人；如果朋友见识广博，人们也就可以在与对方交往的过程中增长见闻。

与孔子的观点类似，孟子也认为，交朋友应该首先考虑对方的德行。孟子说："友也者，友其德也，不可以有挟也。"（《孟子·万章下》）意思是说，与人交朋友，应该考量的是对方的德行如何，不可以考虑对方有无权势、财富和背景。儒家的交友思想在《增广贤文》中也有突出表现，"结交须胜己，似我不如无""良药苦口利于病，忠言逆耳利于行"即是明证。

### （一）益友

在结交朋友方面，《增广贤文》中有相应的建议。《增广贤文》说"结交须胜己，似我不如无"，意思是说，要结交比自己强的朋友，积极学习对方的长处。所以，在谈及结交见识不凡朋友的益处时，《增广贤文》有"听君一席话，胜读十年书"的提法。

另外，判断益友与损友，就是要看对方能否对自己提出恰当的批评，即"道吾好者是吾贼，道吾恶者是吾师"。如果朋友只说自己爱听的话，就是有危害的人；要是朋友能够说出自己的过错，就可以做老师了。

人们应该结交能够帮助自己进步的朋友。《增广贤文》说："三人同行，必有我师焉；择其善者而从之，其不善者而改之。"这是说交朋友要结交益友，以便互相帮助、共同进步。对于朋友来说，双方在临别时往往会舍不得分手。这时，远行的一方往往会用"送君千里，终有一别"来宽慰送行的友人。在提及交谈的内容时，《增广贤文》提醒说"会说说都是，不会说无礼"，是指会说话的人喜欢讲国家大事，显得见多识广；不会说的人乐于谈论生活琐事，略显见识短浅。因此，即使是在闲谈时，人们也要注意避免言之无物。

（二）知己

除了帮助自己在道德或学业上进步的朋友，人们还应该结交知己。所谓"知己"，就是彼此都有深入了解，能够倾心相交的朋友。可见，按照关系的远近，朋友又可以分为一般朋友和知己。在生活中，朋友常见，知己却难以寻找。所以，《增广贤文》才有"知音说与知音听，不是知音莫与弹"的语句。

在生活中，随着物质生活的富足，即使是在寻常人家，"座上客常满，杯中酒不空"的情形也并不少见。在热闹的酒宴上，既有酒酣耳热者，又不乏向隅而泣者。在觥筹交错中，外向者可以获得极大的快乐；但是，内向者却可能感受到热闹之中的强烈孤寂。即使是在酒宴之中如鱼得水的酒酣耳热者，也可能在曲终人散之后，发出"相识满天下，知心能几人"的感慨。

既然朋友之中又需加以细分，人们就要学会随机应变。在这一观念的影响下，《增广贤文》提出"知音说与知音听，不是知音莫与弹"，告诫人们要慎选促膝长谈的朋友。与此同时，在和人交谈时，人们要注意分寸，以免因机密外泄而为自己招来麻烦。可见，在实然世界中，人们要记住"酒逢知己饮，诗向会人吟"，说话做事不可一根筋，不要犯守株待兔的错误。

因此，对于普通朋友、至交、家人等不同层次的交往对象，人们要注意说话的对象和场合，要避开敏感话题，不要揭别人短，更不要在别人的伤口上撒盐。

## 六、生活哲学及其实现

哲学既可以是理论层面的玄想，又可以成为认识世界和改造世界的工具。在生活世界中，哲学"必须敞开它的生活维度，始终把自身扎根于现实生活的土壤中，并与现实生活紧密相融"①。随着哲学在生活维度的展开，生活哲学就应运而生了。

在生活世界这一人类存在、延续的场域中，在类的层面上，人实现与自然的互动；在个体、社会、国家等层面上，人与他人之间、人与社会、国家之间也有多样式、多层次的矛盾和冲突。因此，所谓生活哲学，就是以生活世界为研究对象，探究利益、语言、境界等生活问题的学问。

生活哲学是当今流行的流派，"是从生活到哲学再回到生活的哲学"②。与依靠上帝、真主等外力实现拯救的出世宗教不同，儒家讲究内在超越，具有突出的在世性、现实性。因此，儒学"以日常生活为存在境域，以生活问题为基本内容，以生活语言为话语系统，以提升生活境界、完善生活方式为价值归宿和立言宗旨"③。因而，儒学在实质上是一种生活哲学。

作为生活哲学，儒学具有浓厚的现实关切，并在生活理念中认为"道德是生活的前导和感通性力量"④。《中庸》说："道不远人。人之为道而远人，不可以为道。"天道体现在日常生活中，就是人道。日常生活不只有道德追求，还有烟火气。如果一个人脱离尘世生活，就不能够了解天道。到了明代，王阳明认为，如果一个人想要修行道德，就不能脱离日常生活，他在《别诸生》中说："不离日用常行内，直到先天未画前。"原因是"道"就体现在人们的日常生活之中，如果脱离日常生活去修行，就是错误的方式。整体来看，儒家"以人的实际生活为起点，以人的本性和精

①　陈凯.论中国传统哲学的生活意蕴：以儒道两家学说为例[J].中州学刊，2016（1）：109-113.

②　杨本华.四心的操存涵养：孟子生活哲学意蕴探究[J].太原师范学院学报（社会科学版），2018，17（1）：11-14.

③　李会富.论儒家哲学的生活哲学意蕴[J].理论界，2014（6）：84-86.

④　蒋海怒.德感生活：儒家生活哲学内在构造解析[J].哲学研究，2005（11）：108-113.

神为中心，构建了自己独特的以注重现实生活和精神享受为特色的人生哲学"①。既然要注重现实生活、实现精神享受，儒学生活哲学就要重视个体对生活常识的掌握。

在儒家生活哲学的影响下，《增广贤文》中也存在一些必备常识。在这些常识中，有些是农业生产的经验之谈，也有很多说法可以开阔人们的眼界。

### （一）生活常识须熟知

在生活中，有很多常识是人们应该熟记的。如果能够熟知它们，并加以创造性运用，人们的生活就会变得更加美好。例如，世人都爱青春年少，面对青春不再的情形，很多人不愿意接受。其实，生老病死、新陈代谢都是自然界的规律。所以，《增广贤文》用"人无千日好，花无百日红"，提醒人们不要得意忘形，要学会居安思危。《增广贤文》又用"人生一世，草木一春"告诫人们要顺应自然界的客观规律，珍惜短短几十年的人生时光。《增广贤文》还用"公道世间惟白发，贵人头上不曾饶"，来忠告人们要学会体味人生的酸甜苦辣，做到开开心心地活、潇潇洒洒地死，适应自然界的新陈代谢。

《增广贤文》中"口说不如身逢，耳闻不如目见"的说法，则彰显了个人亲身体验的重要性。正如童话故事所说，小马过河，只有自己下水，才能真正明白水的深浅，如果只是听老牛、松鼠的评述，小马永远也不知道水的深浅。至于"为官须作相，及第必争先"和"见官莫向前，做客莫在后"两条，既是生活经验的总结，又说明了遵循先后次序的重要性。编纂者之所以会把这些生活常识编入书中，就是希望能够对人们的日常生活有所帮助。

---

① 李国祥.论儒家的生活趣味 [J]. 西北民族大学学报（哲学社会科学版）,2006（6）:33-38.

### （二）自然常识要记清

在《增广贤文》中，还可以看到很多自然常识，例如"龙归晚洞云犹湿，麝过春山草木香""深山毕竟藏猛虎，大海终须纳细流"等。通过了解这些常识，人们就可以感悟一些道理：世间不存在完美的人，谁都会有缺点。即使是兴云布雨归来的龙，身上也会带着湿气；如果雄麝刚刚踏过某片草地，草地上就会留下麝香味。所以，做人不可苛求别人，需要接受朋友身上无伤大雅的缺点。

在"秋至满山多秀色，春来无处不花香"一句中，人们可以了解到自然界春去秋来、斗转星移的情况。在以农立国的古代社会，了解气候的变迁，有利于人们把握农业生产的时机，搞好农业生产。至于"牡丹花好空入目，枣花虽小结实成"则体现了中国人对于含蓄美的追求。这句话是说，国花牡丹虽然看起来艳冠群芳，可是却不如貌不惊人的枣树对人类的帮助大。因此，人们为人做事不可只讲外表漂亮，在工作中要勤勤恳恳，以求取得实际效果。总之，这些自然常识既可以开阔读者的眼界，又可以让他们感悟人生的哲理。

# 第二节　齐家之道

按照儒家的观点，个人成功的理想次序依次为修身、齐家、治国、平天下。一个人要想修身齐家，就要做到孝顺父母、父慈子孝、兄友弟恭、夫和妻柔、婆媳和睦等道德要求。中国人重视家庭，喜欢天伦之乐。因此，《增广贤文》才会说"竹篱茅舍风光好，道院僧房终不如"。

## 一、居家之时讲孝悌

在儒家生活哲学中，孝道是处理长辈和晚辈之间关系的道德规范。

有子曰："其为人也孝弟，而好犯上者，鲜矣；不好犯上，而好作乱者，未之有也。君子务本，本立而道生。孝弟也者，其为仁之本与！"（《论语·学而》）大意是说，如果一个人遵循孝悌之道，就不会犯上作乱。君子修养道德，要抓住根本，孝悌"是做人的根本，是家庭和谐的基本途径"[1]。从整体上看，在儒家的价值规范中，"孝悌是调节家庭关系的社会规范，忠信是调节社会关系的准则，礼义廉耻则是个人应当具有的德性与品质"[2]。

以血缘亲情为基础，以仁爱为价值引领，个人修身首先就是要孝顺父母、友爱兄弟。因此，儒家以孝悌之道看待家庭伦理中的父子和兄弟关系。在儒家孝悌思想的影响下，古人重视孝顺父母，讲究家庭和睦，重视子孙教育；在儒家孝悌思想的影响下，《增广贤文》中有"千经万典，孝义为先""万恶淫为首，百善孝为先""当家才知盐米贵，养子方知父母恩""凡事要好，须问三老"等条文。进而，《增广贤文》对个人如何实行孝悌之道，提出了相应的建议。

### （一）孝顺父母众人赞

从人性本善的人生哲学出发，儒家提倡孝道，重视孝顺父母。在《增广贤文》中，编纂者用"万恶淫为首，百善孝为先"这句话凸显了孝的重要性。古人相信自然界的动物也有尊老行为，所以有"羊有跪乳之恩，鸦有反哺之义"的说法。

虽然孝道是中华文化的重要元素，但是，未成年的子女往往不知道父母养育子女的辛苦。因此，他们常常对父母不够尊重。鉴于此种情况，《增广贤文》用"当家才知盐米贵，养子方知父母恩"，来告诫这些人勿忘孝道。在婆媳关系上，《增广贤文》提出"架上碗儿轮流转，媳妇自有

---

① 韩星．孝悌之道与家庭伦理 [J]．学习与实践，2023（1）：133-140.
② 吕本修．中国传统"八德"思想探析 [J]．东岳论丛，2023，44（7）：89-98，192.

做婆时"，提醒儿媳妇要孝顺公婆，以便给孙辈树立榜样。

儒家不仅关注血缘亲情，也有博爱情怀。孟子提出"老吾老以及人之老，幼吾幼以及人之幼"（《孟子·梁惠王上》），意思是一个人要从孝顺父母、疼爱子女出发，推衍到对于他人的尊老爱幼。这一点在《增广贤文》中也有表现，如"凡事要好，须问三老"。所谓"三老"，就是年龄较大的、威望较高的、学识丰富的人。因此，此处的"老"，既可以是一个人的年龄，又可以是一个人的威望或见识。

在农业社会，知识更新、技术换代的频率较低，老年人的经验和阅历可以为晚辈提供人生指引。在北周时，武帝宇文邕曾经任命开国功臣于谨为三老，并跪在几案前，为其切肉、递酒。之后，北周武帝还面向北面站立，虚心向于谨请教治国之道。即使是在现代社会，老年人的忠告也应该成为年轻人为人处世的重要参考。

### （二）兄弟友爱邻里夸

在兄弟姐妹之间，兄弟之间的情谊往往是最珍贵的。儒家的孝悌之道有兄友弟恭之说，意思是说弟弟应该尊敬兄长，哥哥需要关爱弟弟。因此，兄弟友爱既讲究彼此间在权利与义务上的基本平等，又是齐家的重要节点。尽管"小时是兄弟，长大各乡里"，可是，《增广贤文》也告诫人们"兄弟相害，不如友生"。在历史上，曹植曾经作七步诗，来控诉哥哥曹丕的迫害。

在兄弟各自成家之后，往往会有矛盾。古人说："兄弟阋于墙，外御其侮。"（《诗经·小雅·棠棣》）意思是即使兄弟之间有矛盾，在面对外来侵犯时也应该联合起来。可见，《诗经》"不仅仅是一部诗歌总集，还蕴含了丰富的伦理思想，为系统的儒家伦理思想体系的形成提供了基础"①。长大后，因为已经各自成家，兄弟之间可能会分家另过。但是，《增广贤文》不主张随便分家，提出"父子和而家不退，兄弟和而家不分"，鼓励兄友弟恭。即使分家之后，兄弟之间也要和睦相处，避免出现"家中不和邻里欺，邻里不和说是非"的情况。

## 二、互敬互爱家道旺

由于夫妇是人伦之始，所以"夫妻关系在中国古代家庭生活中具有核心意义"②。从生理上来讲，男性一般身体强壮，适合从事重体力劳动；女性温柔细腻，有耐心和亲和力，在照顾家庭、抚育子女方面具有优势。因此，在农业社会里，男人是家里的主要劳力，妻子主要从事家务劳动。于是，在夫妻关系上，儒家主张男主外女主内，即男人负责耕田种地、赚钱养家，女人负责操持家务、相夫教子。这一分工并非完全对女性歧视，而是根据双方的生理特点来设计的。

### （一）互敬互爱

儒家提倡夫妻互敬互爱，反对妇人单方面服从丈夫。首先，孟子认为女子应该顺从丈夫，说："女子之嫁也，母命之，往送之门，戒之曰：'往之女家，必敬必戒，无违夫子！'以顺为正者，妾妇之道也。"（《孟子·滕文公下》）在女子出嫁时，母亲会叮嘱女儿到夫家要孝敬公婆、辅助丈夫，原因是顺从是妇人应该遵从的道理。其次，孟子又主张丈夫应该以身作则，说："身不行道，不行于妻子；使人不以道，不能行于妻子。"（《孟子·尽心下》）这是说只有丈夫以身作则，才能要求妻子服从。

---

① 　王春梅.《诗经》中的夫妻伦理关系研究 [J]. 潍坊学院学报，2012，12（1）：45-47.

② 　张国刚."立家之道，闺室为重"：论唐代家庭生活中的夫妻关系 [J]. 清华大学学报（哲学社会科学版），2008（1）：46-62，159.

可见，在孟子眼中，丈夫要以身作则，妻子应效法、顺从丈夫。因此，夫妻关系就表现为"在男性主导家庭的大前提下，主张两性和谐"①。受孟子的观念影响，《增广贤文》说："莫饮卯时酒，昏昏醉到西。莫骂酉时妻，一夜受孤凄。"可见，该书编纂者主张男人要疼爱女人，不能打骂老婆。

受到儒家夫妻互敬互爱观念的影响，《增广贤文》还收录了"一日夫妻，百世姻缘""百世修来同船渡，千世修来共枕眠""妻贤夫祸少，子孝父心宽""国乱思良将，家贫思贤妻""夫妻相合好，琴瑟与笙簧"等条文。

"琴瑟"一词需要加以说明。据说琴、瑟是由伏羲发明的，二者都是用梧桐木做成的，带有空腔、以丝绳做弦的乐器。古代有七弦琴，也有五弦琴，而瑟有二十五弦。琴、瑟的发明，据说是伏羲用来调和阴阳之气，陶冶人们的情操的。后来，古人喜欢用"琴瑟和鸣""琴瑟和谐"等来表示夫妻恩爱。例如，在《诗经》中，有"窈窕淑女，琴瑟友之"的诗句。此外，有人也用"琴瑟"来形容朋友之间的真挚友谊。例如，曹植在《王仲宣诔》一文中用"吾与夫子，义贯丹青。好和琴瑟，分过友生"，形容他与英年早逝的王粲的友谊。王粲是曹植的挚友，是"建安七子"之中文学成就最高的。公元217年，王粲因病死于随军征讨吴国的过程中，享年四十一岁。

在《增广贤文》中，"入门休问荣枯事，观看容颜便得知"这一条文提醒人们：夫妻和睦对于家业兴旺具有重要作用。古人认为，要实现夫妻和睦，妻子就需要遵循"三从四德"。

---

① 乔以钢，陈千里.《周易》与《礼记》家庭观念之比较[J].中国文化研究，2010（3）：58-65.

### （二）三从四德

在古人看来，夫妻双方的结合既是天注定的，又是缘分所致。《增广贤文》用"一日夫妻，百世姻缘""百世修来同船渡，千世修来共枕眠"等条文，表现了古人对夫妻关系的共识。由于双方的结合来之不易，所以夫妻都应该倍加珍惜，做到"夫妻相合好，琴瑟与笙簧"。

首先，在夫妻关系上，《增广贤文》提倡妻子要贤惠，要按照"三从"来要求自己。《仪礼·丧服·子夏传》中说："妇人有三从之义，无专用之道。故未嫁从父，既嫁从夫，夫死从子。"这句话是说，古人对妇女有三从的道德要求，女人不能独自行事。所以，女人未嫁遵从父亲，出嫁后顺从丈夫，夫死听从儿子。这就是"三从"的来历。

"三从"的道德要求，对女性缺乏足够尊重，体现了古代中国男尊女卑、男主女从的道德观念。在反映古代家庭生活的《红楼梦》中，男尊女卑也有诸多表现："在贾政、贾赦这一代人身上，丈夫在家庭中占有绝对的优势地位，妻子在一些重要事务中都听从丈夫的，而且对丈夫很忠实。在贾琏、贾珍等人身上，丈夫的权威逐渐下降，妻子的权力和地位不断增强；丈夫对妻子不忠实，妻子对丈夫也不忠实。到了贾蓉这一代人身上，婚姻则似乎可有可无了。"[①]

《增广贤文》的编纂者认同"三从四德"，认为贤妻良母是女性的最高境界。于是，《增广贤文》记录了"妻贤夫祸少，子孝父心宽""贤妇令夫贵，恶妇令夫败""国乱思良将，家贫思贤妻"等条文。这几个条文都凸显了妻子在保障婚姻幸福、促进家道兴旺方面的价值。可是，这些条文仅仅强调了妻子或母亲的义务，缺乏保障女性权益的必要制度设计。加之，在古代中国，妻子除了做家务、带孩子，不能抛头露面，也难得有机会外出游玩。于是，为了维护家庭的整体利益，为了保障丈

---

① 刘相雨.《红楼梦》中的夫妻关系与儒家的家庭理想 [J].红楼梦学刊，2006（6）：174-189.

夫、子女的利益，妻子或母亲的个人感受、利益和兴趣就在无形之中被忽略了。因此，与守节的异化一样，《增广贤文》对夫妻互敬互爱的良苦用心，也容易被异化为对女性的单方要求。因此，在古代中国的家庭伦理中，传统文化"强调的是父、兄、夫对子、弟、妇的束缚及后者对前者的服从"①。

到了现代社会，随着男女平等观念的普及，重男轻女的观点也逐渐被大家抛弃了。例如，传统上，女性族人常常不被收入族谱，但是，在今天，很多家族在编纂族谱时，也把女性后人收入其中。因此，在当代，"三从"观念已经毫无参考价值，应该予以抛弃。女性首先应该关注自身的兴趣、健康，接下来才是重视家庭、丈夫、孩子的需要。

其次，女性除了要"三从"，还要讲"四德"。在今天，可以对"四德"进行历史分析和现代解读。

第一，"四德"具有历史作用。班昭在《女诫》中说："清闲贞静，守节整齐，行己有耻，动静有法，是谓妇德。择辞而说，不道恶语，时然后言，不厌于人，是谓妇言。盥浣尘秽，服饰鲜洁，沐浴以时，身不垢辱，是谓妇容。专心纺绩，不好戏笑，洁齐酒食，以奉宾客，是谓妇功。此四者，女人之大德，而不可乏之者也。"大意是说，女性在道德上幽娴安静、动静合乎礼仪，就是妇德；女性说话选取合适的言辞、时机，不能说惹人讨厌的恶言恶语，即是妇言；女性注重个人卫生，服饰干净整洁，即是妇容；女性专心纺线织布，不嬉笑打闹，能够做出干净整洁的酒食给客人享用，即是妇功。"四德"是对女性道德品质、言语交谈、生活技能、职业技能的具体要求，是古代中国女性的立身之本。儒家的"四德"思想，对《增广贤文》产生了明显影响。《增广贤文》说："贞妇爱色，纳之以礼。"意思是说女人在穿着打扮时要合乎礼仪。而怎样才算是合乎礼仪，往往是男人说了算。因此，在男尊女卑的时代，女人的打扮往往是为了取悦丈夫。

---

① 王彦敏. 中、犹传统家庭观之比较 [J]. 东岳论丛，2006（3）：188-190.

第二，"四德"还可以予以现代解读。在今人看来，"妇德"即是要求女性注重道德修养，做个有道德的女性；"妇言"即是要求女性学会说话，不做长舌妇；"妇容"意在倡导女性的打扮合乎礼仪，注重场合；"妇功"即是要求女性具备烹饪等生活技能。总体来看，"四德"就是要求女性树立道德底线、学会言谈举止、具备生活技能、锻炼职业技能。即使是在现代社会，女性也应该讲道德、会说话、懂生活、有职商。可见，与"三从"不同，"四德"不必全盘否定。

随着现代性、功利主义等观念的传入，农村中"父子反目，兄弟相仇，夫妻背叛现象屡见不鲜"[①]。这些乱象的出现不仅与舶来文化有关，与传统家庭伦理的衰落也不无关系。为了解决这些问题，人们就应该站在男女平等的立场上，对"三从四德"进行剖析和解读。笔者认为，可以借用"门内之治恩掩义、门外之治义断恩"来处理家庭关系。

除了互相尊重，要想家道兴旺，夫妻还要勤劳致富。原因是家庭之中既需要爱情和亲情，又需要柴米油盐酱醋茶等生活用品。人们要维系家庭，就要购买足够的生活用品；要获取足够的生活用品，就要开源节流。

### （三）勤劳致富

儒家提倡勤俭节约，反对奢侈浪费。鲁国大夫御孙说："俭，德之共也；侈，恶之大也。"（《左传·庄公二十四年》）大意是说，节俭是道德的共同要求，奢侈是极大的罪恶。与御孙的观点类似，孔子也反对铺张浪费。孔子云："礼，与其奢也，宁俭；丧，与其易也，宁戚。"（《论语·八佾》）在孔子看来，节俭是遵行礼义的必要手段，就像哀戚是丧礼的重要表现一样。孔子说："道千乘之国，敬事而信，节用而爱人，使民以时。"（《论语·学而》）意思是说，要想治理国家，国君就应该慎重对待军国大事，就应该讲求诚信、节俭、不误农时。在历史上，儒家的节

---

① 尹业初.现代农村家庭伦理的现实性探微[J].理论月刊，2012（2）：159-162.

俭思想对古人产生了重要影响。

在唐代，"对普通大众而言，家庭成员是否能辛勤劳作、勤事家务，养成'勤俭'等良好家风，才是决定一个家庭富贵贫贱的关键"①。到了宋代，司马光在《训俭示康》一文中说："有德者皆由俭来也。夫俭则寡欲，君子寡欲则不役于物，可以直道而行；小人寡欲则能谨身节用，远罪丰家。"这句话是说，节俭是涵养道德的基础，原因是如果一个人节俭，就会欲望寡淡。如果君子欲望寡淡，就不会被外物控制，做一个正直的人；如果普通人节制欲望，就能财货有余、远离罪过。到了明清时期，"深受中国传统儒家价值观浸润和涵养的乔氏家族，在长期的商业实践中，形成了以自律修身的理欲观、勤俭敬业的持家之道、杖信如石的信用伦理、以义制利的义利辩证思想和'兼济天下'的内在的义务论品格为向度的商业伦理思想"②。乔家之所以能够成为商业巨贾，与其传承已久的家庭伦理、信用伦理有着千丝万缕的联系。与乔家类似，曾国藩也把儒家伦理纳入家庭道德教育的范畴，要求子孙勤俭持家。可见，长久以来，儒家勤俭持家的观念已经深入国人的心中。

在中国，过春节时，人们总会贴春联。家家户户的门上要贴，神仙牌位边也要贴。贴在财神牌位旁边的对联往往是"勤俭摇钱树，节约聚宝盆"。幼童往往既不理解勤俭、节约的内涵，又不知财神何谓。年长之后，人们才会明白，原来敬财神只是形式，勤俭节约才是真正的"财神"。在儒家勤俭节约思想的影响下，《增广贤文》也收录了一些条文，如"随分耕锄收地利，他时饱暖谢苍天""疏懒没人吃，勤俭粮满仓"。

要勤俭持家，人们就得辛勤工作。尽管天底下的职业多种多样，可是人们辛勤工作的目的都是养家糊口。因此，《增广贤文》才说"道路各

① 　金滢坤.敦煌蒙书《武王家教》中的唐代富贵贫贱观念解析：以"十恶"为中心[J].敦煌研究，2021（6）：93-106.

② 　刘英杰，田雨.晋商乔氏家训商业伦理思想向度及其当代价值[J].晋阳学刊，2020（4）：125-130.

别，养家一般"。无论做什么工作，人们都应该勤劳。《增广贤文》提倡勤劳致富，说"随分耕锄收地利，他时饱暖谢苍天"，这句话突出了辛勤劳作的重要性。除了工作场合需要勤劳，人们在家庭生活中也需要具备奉献精神。由于古代没有面粉机，所以北方人吃的面粉都要用石磨磨出来。与北方不同，南方人喜欢吃大米，而稻子要变成可以吃的大米，也要经过舂米的工序。《增广贤文》说："一日舂工十日粮，十日舂工半年粮。"这句话既反映了舂米的辛苦，又体现了未雨绸缪的重要性。可见，《增广贤文》反对偷懒，主张每个人都应该辛勤工作，原因是"疏懒人没吃，勤俭粮满仓"。

在靠天吃饭的岁月里，成年男子是家中的主要劳力，所以，《增广贤文》才说"有儿贫不久，无子富不长"。《增广贤文》中的"鸡豚狗彘之畜，无失其时，数口之家，可以无饥矣"选自《孟子》一书，意思是说如果一个家庭种好庄稼，再养些家禽家畜，就可以衣食无忧了。在今天看来，这一说法不仅体现了孟子的仁政思想，还凸显了社会保障的重要性。

在农业生产中，要想获得好收成，除了辛勤劳作，还要抗旱防涝。由于古代人没有人工增雨的器械，种地完全是靠天吃饭。如果遇见旱季，粮食就会减产甚至绝收，所以，古人修建了池塘、堤坝等设施来储水。基于这一现实需要，《增广贤文》中也有"池塘积水须防旱，田地深耕足养家"的条文，这一条文强调了勤劳和抗旱的意义。

如果一个家庭不满足于温饱，希望过上好日子，那么就要开源节流。如果说勤劳致富是开源的法宝，那么量入为出就是节流的表现。

### （四）量入为出

即使是富裕家庭，如果不能量入为出，迟早也会有坐吃山空的一天。因此，《增广贤文》提醒人们要"年年防饥，夜夜防盗"。尽管社会上有"乍富不知新受用，乍贫难改旧家风"的情况，《增广贤文》仍然提倡要量入为出。因此，人们要反对攀比，否则就会出现"相论逞英雄，家计渐渐退"的情况。如果一个人喜欢胡吃海喝，早晚会哀叹"信了肚，卖了屋"，原因是"从俭入奢易，从奢入俭难"。

要量入为出，就要在居家过日子时精打细算。原因是"富从升合起，贫因不算来"。"升"和"合"都是古代用来计量粮食的单位。10合等于1升，10升等于1斗，10斗就是1石。后来，人们用一升一合来比喻数量很小，也用来指代少许粮食。这句话是说，过日子，一个人只有学会精打细算，才能使家境好转；如果不会精打细算，就会变得贫穷。受此观念影响，《增广贤文》告诫人们"会使不在家豪富，风流不在着衣多"。所以，在居家过日子时，人们要学会量入为出，既不能花钱大手大脚，更不能寅吃卯粮，原因是"无钱休入众，遭难莫寻亲"。因此，人们在生活中，应该"常将有日思无日，莫把无时当有时"。

在居家过日子时，人们固然要量入为出。可是，在与人交往时，人们也要关爱他人。因为如果一个人想要得到别人的尊重，就要与人为善、乐善好施。在古代，很多富翁在发家之后，喜欢造福乡里，做一些修桥补路、纂修族谱等公益事业。如果发生了饥荒，大户人家也往往会施舍热粥给灾民。此类关爱他人的做法都是《增广贤文》所推崇的，也是值得今天的人们学习的。

### 三、家风建设不能少

在子孙教育方面，儒家认为，与其把金银珠宝留给子孙，不如让他们继承祖先的道德和事业。在子女教育上，《增广贤文》强调道德教育的重要性，特别强调要加强对后代的教育。因此，该书也收录了"积金千两，不如明解经书""养子不教如养驴，养女不教如养猪"等条文。

### （一）家风的内涵及其重要性

在中国古代，家庭乃至家族往往通过家风和家训来教育子孙，以保香火不断。家训常以儒家伦理为主导，"以家庭宗法制为社会基础的承传家庭教育媒介，其方式主要是通过家庭、家政、修身、勤勉、伦理切入点，教育青年人如何成才"①。家族制定家训的目的在于建构"以家庭核心人际关系为主的人际秩序，以家庭生活关系为基础的生活秩序，以儒家伦理为根基的心灵秩序"②为核心内容的理想家庭秩序。

古人常用"堂构""家声"等词来强调继承祖先德业的重要性。由于时过境迁，许多人对于堂构、家声的内涵已经不甚了解。"堂构"一词出自《尚书》，原文是"若考作室，既底法，厥子乃弗肯堂，矧肯构？"意思是说父亲想盖房子，并且已经确定了盖房子的方法，儿子却不肯打地基、盖房子。于是，后人就用"堂构"一词来指代子孙后代能够继承祖辈的道德和事业。此外，也有人用它来指代房屋和门户派别。可见，"堂构"就是家风的同义词。

与堂构差不多，"家声"就是家庭的名声。古人看重名声，希望子孙后代能够光大祖先的道德和事业。如果一个人能够光宗耀祖，就是孝子贤孙。要是后代不能继承祖辈的道德和事业，则是不肖子孙。在中国人的族谱中，经常可以看到"丕振家声""克振家声"等语词，意思是大振家声、振兴家声。江苏省常州市横山桥镇双庙村岳家塘的岳家祠堂就把"武穆家声远，精忠世泽长"作为大门对联。

如上所述，堂构、家声都是家风的同义词，都是为了进行子孙教育。在中国古代，子孙教育是以儒家伦理为主导的养成教育，其"核心内容

---

① 雷立成.传统家训德教理念结构及现实意义[J].船山学刊，2001（4）：101-104.
② 郑秀花.中国传统经典家训词频统计与分析[J].图书情报知识，2015（3）：53-61，65.

可以归结为学仁和守义"①。家风、家训依然可以在融洽家庭关系、教育子孙后代等方面，发挥积极作用。在新时代，人们应该赋予中华优秀传统家风文化新内涵，使其能更好地融入家庭生活、服务社会实践。②

受家风观念的影响，《增广贤文》搜集了"养子不教如养驴，养女不教如养猪""不求金玉重重贵，但愿儿孙个个贤"等语句。"但存方寸土，留与子孙耕"凸显了父辈对于后代的疼爱，而"养儿防老，积谷防饥"一句则点出了成年儿女具有赡养扶助父母的义务。

### （二）学会放手幸福多

在子女教育中，家长还要避免娇惯子女。《增广贤文》说"国清才子贵，家富小儿骄"，提醒人们不可溺爱孩子。现在，很多孩子成了家中的小皇帝、小公主。不少家长在孩子小时候就会给孩子最好的物质享受，可是却忽略了做人的培养。这样的孩子可能会有好的学习成绩，却未必具备良好的社会适应能力，也缺乏对父母的感恩之心。其实，哪个父母不疼爱自己的儿女，可是"爱之不以道，适所以害之也。"（《资治通鉴·晋纪十八》）要知道，如果在子女教育方面出了问题，是没有办法推倒重来的。

古人推崇尊老爱幼，反对欺凌长辈。受此观念影响，《增广贤文》提醒人们要有尊老爱幼的仁爱之心。可是，大人疼爱幼童，并不能变成溺爱孩子。如果在物质上、感情上溺爱孩子，就会影响孩子的心理发育。如果家长溺爱孩子，就会让他们形成自私自利、目无尊长、性格懒散、懦弱胆怯和缺乏礼貌等缺点。这些致命缺点就像孩子成长道路上的定时炸弹，必定会极大地影响他们的身心健康。这类孩子就像温室里的花

---

① 洪守义.从儒家文化的精华中汲取养成教育的智慧[J].当代青年研究,2008（10）:35-39.

② 唐建兵.中华优秀传统家风文化创造性转化和创新性发展的路径探析[J].江淮论坛，2023（3）:124-129.

朵，一旦离开父母的怀抱，就会在学习、工作和婚姻等方面，遭遇诸多坎坷。因此，做父母的应该学会放手，让孩子经历风雨、增长见识，提高分析问题、解决问题的能力。为了提醒家长不要溺爱孩子，《增广贤文》提出"儿孙自有儿孙福，莫为儿孙作马牛"。

尽管父母需要尊重孩子，但是，古往今来，父母总是希望孩子能够过上体面的生活。在古代中国，"学而优则仕"（《论语·子张》）是过上体面生活的最佳途径。

## 四、耕读传家振家声

在古代中国，社会阶层大致可以分为士、农、工、商四种。在这四种阶层中，士的社会地位最高，农民排第二位，工人和商人则不被人看重。因此，《增广贤文》才会说："万般皆下品，唯有读书高。"要读书，就涉及教育哲学。

从研究内容来讲，教育哲学就是"建立教育研究与哲学研究之间关系的一门学问"[①]，是研究教育的本质和方法论。可见，教育哲学是教育学和哲学的交叉学科，"是对'教育是什么'，进而对'人是什么'的回答"[②]。在儒家教育哲学看来，万物都由一气化生而成，不同物类乃至不同个体在化生成形时禀受的气有厚薄清浊之分，因而每一物类、每一个体都有其特质。与其他物类相比，人类因其所禀受的气清且厚而成为天地间最具灵明的物类。在人类之中，每一分子所禀受的气又有差异，因而，每个人的禀赋各有不同。以对人的界定为基础，儒家教育哲学主要包含"礼乐教化的教育制度、教学相长的教学方法与师严道尊的教育伦理"[③]三个方面的内容。以上述三个方面的教育内容为基础，辅以因材施教，使每个人都能充分开发自己的禀赋，进而在社会中担当适合自己的

---

① 邵燕楠.教育哲学之思 [J].教育理论与实践，2006（3）：6-9.

② 张楚廷.论教育哲学 [J].高等教育研究，2016，37（1）：45-48.

③ 杨柳新.《学记》中的古典儒家教育哲学 [J].兰州学刊，2010（8）：135-140.

角色。可见，儒家教育哲学"充分肯定了人性平等和人性的可变性"①，是中国教育哲学的有机组成部分。

在儒家教育哲学的影响下，儒家主张"学而优则仕"，鼓励人们读书、修德。因此，许多家族提倡耕读传家，认为耕田和读书都是好职业，读书可以改变个人命运，可以振兴家声。受此观念影响，《增广贤文》中有很多相关条文。例如，"欲昌和顺须为善，要振家声在读书""有田不耕仓廪虚，有书不读子孙愚""仓廪虚兮岁月乏，子孙愚兮礼义疏""龙生龙子，虎生虎儿"等。上面这几句话的意思差不多，都是强调读书对于子女教育的重要性。

古人非常看重教育，把"久旱逢甘雨，他乡遇故知，洞房花烛夜，金榜题名时"看作人生四大喜事。大旱之后迎来喜雨，旱情得以缓解，丰收有望自然是一大喜事。中国人认为"人不亲土亲"，身处困境的人得到同乡的帮助，也是一大喜事。经过重重磨难，恋人终于结合成为终身伴侣，更是一大喜事。在古代，做官的途径有科举、荫庇等，如果祖上有军功或者做过高官，后代就可以通过荫庇得到官职。对于普通人来说，只有通过科举考试，才能获得做官的机会。在寒窗苦读的时候，有些读书人会用"书中自有千钟粟，书中自有黄金屋，书中自有颜如玉"一类的话语来勉励自己。因此，科举中第自然是天大的喜事。

（一）世间唯有读书高

孔子说"学而优则仕"，意思是如果一个人学习了儒家的道德，就应该做官造福百姓。对于个人来说，由于古代的科举考试类似今天的公务员考试，如果一个人通过了考试，就具备了做官的资格，加之，古代考试将"四书五经"作为指定教材，所以很多读书人都会埋头攻读儒家经典。人们深知"家无读书子，官从何处来"，所以即使家庭经济困难，也

---

① 邱培彪.性朴论视野下的儒家教育哲学[J].江淮论坛，2014（3）：127-131.

会节衣缩食来供孩子读书。在这一文化背景下，"世上万般皆下品，思量唯有读书高"的说法也就可以理解了。

对于儒生来说，寒窗苦读固然辛苦，可是中状元、做高官却是很大的诱惑。所以，读书人喜欢用"庭栽栖凤竹，池养化龙鱼""十载寒窗无人问，一举成名天下知"来勉励自己刻苦读书。而"一举首登龙虎榜，十年身到凤凰池"，则反映了科举及第后的景象。

谈及"龙虎榜"的来历，就不得不提到科举考试。公元792年，大唐王朝又顺利完成了一次科举考试。当时的皇帝是唐德宗李适，他亲自选定了状元。到了放榜的那一天，参加考试的举子们都翘首期盼。只见韩愈、李绛等23人成了进士，而贾棱则中了状元。当时人们把这一榜单称为"龙虎榜"。由于文学成就突出，韩愈位列"唐宋八大家"之首；贾棱担任过大理评事一职，曾经写过《御沟新柳》一诗。诗中的"秀质方含翠，清阴欲庇人"不仅成了名句，而且是贾家祠堂的通用对联；李绛担任过礼部尚书、监察御史等职，他建议皇帝削藩，敢于犯颜直谏。公元830年，李绛奉命带兵去四川征讨叛贼，不幸被叛军杀害，终年67岁。总之，这一榜的进士大多取得了巨大成就。于是，后人也将进士提名榜称为"龙虎榜"。

与龙虎榜类似，化龙鱼也与科举考试有关，据说"鱼龙本是同种生，跃上龙门便成龙"。每年春天，黄河鲤鱼都会在水面上跳跃，争取跳过龙门变成龙。尽管跳龙门的鲤鱼很多，可是能够跳过去变成龙的还是少数，所以，民间有"一登龙门，身价十倍"的说法。由于考状元的多如牛毛，中状元的细如牛角，所以，人们就把科举中第或者晋升官职的读书人比作化龙鱼。有人也把考中进士称为烧尾，在庆贺考中进士的宴席中，烧鲤鱼是必备菜肴。

与龙虎榜和化龙鱼不同，凤凰池则与宰相有关，古人用"凤凰池"来指代中书令一类的实权职位或者是皇宫中的池沼。据说西晋初年荀勖被免去了中书令一职，皇帝下令擢升他为尚书令。按说升官是好事，大家都向他祝贺，谁料荀勖却闷闷不乐，对来贺喜的官员说："夺了我的凤凰池，有什么值得祝贺的呢？"此处的凤凰池指的是中书令，是握有实权的宫中职位，而凤凰池意味着宫中。到了唐代，人们用凤凰池来指代宰相一职。例如，诗人刘禹锡在《湖南观察使故相国袁公挽歌》中曾经写过"五驱龙虎节，一入凤凰池"的诗句。后来，人们也用凤凰池来指代池水，如唐代诗人李绅在《忆春日曲江宴后许至芙蓉园》一诗中，写过"香径草中回玉勒，凤凰池畔泛金樽"的词句。

通过科举考试后，人们就有了做官的资格，可以实现自己"修齐治平"的政治理想。即使在回乡养老之后，退休官员也仍然会受到乡邻的尊重，可以在调解争端、族谱编纂等方面发挥余热。总之，只有通过读书做官，儒生才能够实现修齐治平的社会理想，才能够丕振家声。

### （二）要振家声靠读书

孔子说"其身正，不令而行；其身不正，虽令不从"（《论语·子路》）。是讲君主负有教化百姓的职责，教化的前提是君主自身的道德修养达到一定的境界。由于古代中国具有家国同构的特点，因此，君民关系的行为规范也可以移植到家庭中。如果父母不能以身作则，就没法严格要求子女；同样道理，父辈的道德和事业，对于子孙后代往往起到潜移默化的作用。例如，如果一个人能够继承祖辈的道德事业，为家族争光，就会成为乡邻羡慕的对象；如果一个人不能继承父辈的道德和事业，就会成为品德差、没出息的败家子。所以，《增广贤文》才说："好学者则庶民之子为公卿，不好学者则公卿之子为庶民。"提醒人们读书做官可以保持家族长盛不衰。《增广贤文》又说："积钱积谷不如积德，买田买地不如买书。"意思是说与其买房置地，不如培养孩子的道德，教育孩子成才。

对于经济条件良好的家庭来说，家长自然可以延请名师，悉心教育自己的儿女；但对于经济拮据的家庭来说，即使砸锅卖铁，人们也希望能够把儿女培养成才。在古代，人们白天用食油来炒菜做饭，晚上又用它来点灯照明。如果没油点灯，人们就无法在夜间读书，也不能做针线活。对于经济困难的家庭来说，如果把有限的油用来炒菜，可能就无油点灯了。"劝君莫将油炒菜，留与儿孙夜读书"，反映的正是对困难家庭的忠告。家长之所以重视子女教育，一方面是为了让孩子有个好的前途，另一方面也希望子女能够光宗耀祖。

在古代，即使是独自抚育儿女的寡母，也想尽心把自己的孩子教育成才。在这种情况下，母亲既要种田织布，又要操持家务，自然要付出更多的辛劳。在历史上，孔子、孟子都是由寡母独自教育成才的。为了把孩子教育成才，孟母曾经采取断机教子、买肉啖子和三迁择邻等办法。

在年少的时候，孟子并不热衷于学习。有一天他放学回家，看见母亲像往常一样在织布机上织布。母亲问他："你最近学习怎么样啊？"孟子漫不经心地回答说："和过去一样，差不多吧。"母亲十分生气，立刻拿起剪刀，把织好的布给剪断了。孟子看见母亲发怒，心里很害怕，赶忙问母亲为何生气。母亲语重心长地说："你学习文化，就像我织布一样。如果半途而废，一个人就很难取得成就。君子学习是为了树立名声、增长知识。这样一来，平时你就可以平安无事，做起事情来也会远离祸患。"孟子听后，暗下决心，一定要好好学习，不让母亲失望。他刻苦学习，又拜孔子的孙子子思为老师，终于成为一代大儒。后人尊称孟子为"亚圣"，意思是仅次于孔子的圣人。

由于孟母教育儿子的伟大成就，后人把孟母称为"母教一人"。现在，在山东省邹城市的孟庙，人们还能看见孟母祠堂和"母教一人"的石碑。即使经过了两千多年，今天的人们也仍然会为孟母克勤克俭、敦品励学的高尚品德而击节称赞。

在古代中国，科举中第是最能光宗耀祖的事情。要想科举中第，固然要寒窗苦读，就像《增广贤文》所说的："欲求生富贵，须下死工夫。"

可是，如果不珍惜时间，就没法取得成功；如果没有选对方法，读书就会出现事倍功半的情况。所以，《增广贤文》既强调惜时和苦学，又强调选对方法。

### （三）惜时勤学是基础

对于老年人来说，人的一辈子就像春生秋枯的青草一样短暂。回想一下，昨天还是骑着竹马的幼童，今天已经变成了满头白发的老翁。"记得少年骑竹马，看看又是白头翁"，并非虚言。尽管人们都希望青春年少，不希望年华老去，可终究是"枯木逢春犹再发，人无两度再少年"。

于目前的科技水平而言，时间具有一维性，是不可逆的。儒家一贯重视珍惜时间，人生短暂，浪费不起，有道是"黑发不知勤学早，转眼便是白头翁"。在青春年少、记忆力好的时候，人们应该抓紧时间学习，并且提升自己的道德修养，原因是"莫道君行早，更有早行人"。因此，《增广贤文》提醒人们珍惜时间，说"一寸光阴一寸金，寸金难买寸光阴"。如果一个人在青年时期吊儿郎当，不知惜时勤学，等到年老的时候就会后悔虚度了光阴。如果经济条件允许，人们应该尽量多藏书。原因是"世间好语书说尽，天下名山僧占多"。在藏书方面，人们要有"美酒酿成缘好客，黄金散尽为收书"的豪情。

藏书不是为了发思古之幽情，而是为了学习书中的圣贤之道。只有以道问学与尊德性相统一的态度学习圣人道理，并且付诸实践才能成人成才，才能在社会中立足。儒家的圣人之训不仅是个人修身齐家的诀窍，更是家族传承的重要财富。如果一个家族能够修习儒家伦理，那么，家族就可以绵延不绝。因此，《三字经》最后才说："人遗子，金满籯，我教子，惟一经。"

### （四）事半功倍方法好

到了今天，社会逐渐多元化，职业也变得多种多样。除高考之外，人们可以自主创业，也可以外出打工。表面看来，读书的重要性，似乎比过去有所降低。可是，读书可以陶冶人的性情，也可以提升人的鉴赏能力，因而仍然是值得坚持的。在今天，人们依然可以借鉴儒家的读书方法。孟子说："颂其诗，读其书，不知其人可乎？是以论其世也。是尚友也。"（《孟子·万章下》）诵读古人的诗歌、拜读古人的著作，要是不了解作者的生平和生活环境，就无法了解文本的真实意蕴。因此，人们要想读懂作者的意思，就要和古人交朋友。可见，儒家对读书方法，也有论述。

受儒家读书方法论的影响，《增广贤文》中有很多地方讲到了读书的重要性和方法，如"好学者如禾如稻，不好学者如蒿如草""记得旧文章，便是新举子"等。读书学习，可以让人活得明白，如果一个人不读书学习、修养道德，就像穿着襟裾的马牛一样。"人学始知道，不学亦枉然"和"人不通今古，马牛如襟裾"两句话都体现了读书学习对于个人成长、发展的重要价值。

"襟裾"的原意是指衣服的前襟或者后襟，也用来指代衣裳。宋代诗人张九成在《秋兴》一诗中说："清风拂襟裾，片月堕篱落。"这里的"襟裾"说的就是衣服，也有人用"襟裾"来指代胸前。《增广贤文》中说："人不通古今，马牛而襟裾。"在这里，"襟裾"说的是穿着衣服的禽兽，也就是衣冠禽兽的意思。有时，"襟裾"也有兄弟之意。在南北朝时期，颜之推用"前襟后裾"（《颜氏家训·兄弟》）来表示年幼时兄弟间亲密的关系。

有了好的读书理念和方法，读书就会事半功倍。在古代，人们没有网络、图书馆等现代化的学习条件。在当时，一个人要想读书，就要进私塾。如果孩子不愿意进私塾，有条件的人家还可以聘请教书先生住在家里，专门教育孩子。无论是读私塾还是请家教，都需要付给教师一些钱财。对待教书先生，家长要给予足够尊重。《增广贤文》提出"惜钱休教子，护短莫从师"，凸显了对于教师教育自主性的尊重。而"不因渔父引，怎得见波涛"一句，说明每种行业都具备一些专业知识，如果要进入这一行业，就要悉心向前辈学习。

在具体操作上，《增广贤文》也提出了一些有价值的方法。例如，在读书时，人们要认真思考、融会贯通，要深入领会作者的良苦用心。原因是"读书须用意，一字值千金"。读书不仅要重视直接经验，还要重视间接经验。在古代，每次考完发榜之后，状元、进士的考卷都会被大量印刷，供读书人学习、借鉴。"记得旧文章，便是新举子"，说的正是后来人要借鉴前人的成功经验。而"路不行不到，事不为不成；人不劝不善，钟不打不鸣"是在提醒人们读书不能投机取巧，要扎扎实实。此外，"笋因落箨方成竹，鱼为奔波始化龙"则叙述了及第后的情况。

总之，《增广贤文》对于读书的必要性和方法的强调，既体现了儒家重视教化的观念，又体现了儒家推崇的"修齐治平"思想。在当今社会，儒家思想"包含着许多人生和社会常道，是人类文明的结晶，为人性的改善和社会的改良所必需"[①]。在今天，人们应该认真研究儒家的修齐之道，以便建设良好的家庭秩序。此外，讲求和而不同、肯定人的价值的中华优秀传统文化"提倡天人合一，强调多样性的统一，在邦国关系上主张和而不同"[②]，这也可以成为建构人类命运共同体的思想资源。

---

① 牟钟鉴.走近中国精神[M].北京：华文出版社，1999：88.
② 张锟.论"全人类共同价值"的中华优秀传统文化底蕴[J].民族学刊，2021，12（12）：11-15，124.

# 第四章　理想社会秩序及行动指南

个体是社会的组成部分，社会是个体生存和发展的环境。如果理想社会秩序得以实现，那么，个人的发展也会比较顺利。要实现理想社会秩序，首先就要做好制度建设，原因是资源与欲望之间具有巨大的张力。荀子说："人生而有欲，欲而不得，则不能无求；求而无度量分界，则不能不争；争则乱，乱则穷。"（《荀子·礼论》）这句话的意思是，只要人活着，就会有欲望，如果欲望得不到满足，人们就会去追求。如果人人只追求满足自己的欲望，又缺乏合理的制度设计，那么，社会就会出现争斗。如果人们之间争斗不已，那么，社会秩序就会出现混乱。如果社会秩序出现混乱，那么，人们就会因为无法安居乐业而变得穷困不堪。因此，要让民众安居乐业，就要确认"民众和政治家之间存在着义务与权利基本对等的隐形契约。民众忙于生计，无暇也无力维护社会秩序。通过缴纳税收，民众委托政治家来提供安居乐业、治安保障等社会公共产品。政治家组成以君王为行政首脑的政府，并依靠民众提供的税收来维持运转"[1]。为了履行这一契约，儒家主张既要尊君，又要限制君权。

在儒家看来，尊君是为了让以君主为代表的政治家做好制度设计，并为民众提供公共产品。荀子说："夫贵为天子，富有天下，是人情之所同欲也。然则从人之欲，则势不能容，物不能赡也。"（《荀子·荣辱》）在荀子看来，如果人人都想成为天子，富有天下，那么，社会秩序就会因为缺乏足够的政治权威而崩溃。权力既会给人民带来利益，又可能会危害民众的权益。如果权力不受约束，就不可避免地会异化，因此，限

---

① 李永富.引君当道 致君尧舜：二程论格君心之非 [J].东岳论丛，2016，37（11）：68-72.

制君权是非常必要的。限制君权，是为了让君主正确使用权力，避免出现君主穷兵黩武、穷奢极欲，而其他人难以维生的情况。

为了限制君权，儒家提出了民本思想。古人云："民惟邦本，本固邦宁。"（《尚书·五子之歌》）在儒家看来，民众是国家的基本，只有民众安居乐业，国家才能长盛不衰。孟子说："桀纣之失天下也，失其民也。"（《孟子·离娄上》）孟子认为，桀纣失去民众的支持，才会失去天下。如果一个政治家能够得到民众的支持，就能够成为国君。为了说明君主和民众之间的辩证关系，荀子说："君者，舟也；庶人者，水也。水则载舟，水则覆舟。"（《荀子·王制》）这句话是说，如果说民众是水，那么君王就是水上的船，民众既可以支持国君，又可以推翻国君。可见，只有尊重民众，国家才能长治久安。

要尊重民众，就要反对法家的富国强兵思想。在儒家看来，"百姓足，君孰与不足？百姓不足，君孰与足？"（《论语·颜渊》）大意是说，如果百姓富足，那么，君主就不会物资匮乏；要是百姓穷困，国君就迟早会面临物资短缺的难题。朱熹赞同孔子的观点，解释说："民富，则君不至独贫；民贫，则君不能独富。有若深言君民一体之意，以止公之厚敛，为人上者所宜深念也。"[①] 可见，君主和民众之间是休戚与共的关系。

与孟子的观点类似，荀子也认为："故明主必谨养其和，节其流，开其源，而时斟酌焉。潢然使天下必有余，而上不忧不足。如是则上下俱富，交无所藏之，是知国计之极也。"（《荀子·富国》）如果民众贫困，那么，国王也会贫困；如果民众富足，那么，国王也会富足。因此，贤明的君主不仅要谨慎地保持和谐安定的社会秩序，而且要节约开支、发展生产、开拓财源，还得慎重地调整财政货币政策。在君主的统领下，天下的财货如同大河东流一般有盈余，这样君主也就不用担心财货不足了。如此一来，君主和百姓都很富裕，财货多得无处收藏。如果出现类

---

① 朱熹.四书章句集注[M].北京：中华书局，1983：135.

似情况，就说明国君是懂得治国大计的。因此，董仲舒强调："受禄之家，食禄而已，不与民争业，然后利可均布，而民可家足。"（《汉书·董仲舒传》）董仲舒认为，既然皇帝、大臣都有自己的职务待遇，就不应该与民争利了。只有政府不与民争利，经济才能发展起来，民众也才能够过上富足的物质生活。

要实现理想的社会秩序，就要做好制度设计。在中国古代，儒家的德治是实现民众教化和良好社会秩序的基本方式。在德治中，孝悌既是道德教育的核心，又可"视作政治伦理和社会伦理的基础，还可实现家庭、学校与社会道德教育内容的统一和一元"①。儒家既讲德治，又不忽视法治。

在实现理想社会秩序的制度设计上，《增广贤文》既凸显了理想社会秩序的价值依据，又展现了政治清明、守望相助与理想社会秩序之间的关系，还涉及实现理想社会秩序的保障问题。

# 第一节　融突和合

和合学是由中国人民大学张立文教授创立的，"以多元差分、融突和合、生生创新为其三大步骤"②。和合学既承认人与人、人与社会、人与他人、人与心灵、人与自然之间的诸多冲突，又以和合学的五大原则来化解矛盾，并以实现和合为其价值归依。

从价值导向上看，和合既有其积极向度，又有其消极意涵。从积极向度上看，和合"主要有两种构成形态，即多元素和合与互动型和合"③；就消极意涵而言，和合主要表现为杂糅型、混合型两种样式。和合的积

①　龙佳解.历史上儒家关于民众道德教化方式的省察[J].湖南大学学报（社会科学版），2004（1）：14-17.

②　岳晗，李永富.论先秦阴阳思想的和合意蕴[J].学术探索，2019（11）：9-15.

③　向世陵."和合"义解[J].哲学动态，2019（3）：62-68.

极意义具体表现为和合的社会价值，而和合的消极意义则表现为和合的价值旨趣。在《增广贤文》中，和合的积极意义有不少表现。若说"两人一般心，无钱堪买金。一人一般心，有钱难买针"是从正面说明讲究和合对获得事业成功的必要性，那么，"与人不和，劝人养鹅；与人不睦，劝人架屋"就是从反面说明了冲突的严重性与和合的必要性。

在社会交往中，人与人之间有着价值观、出发点、利益等重大差异，因而，就产生了彼此之间多样化的矛盾冲突。要化解此类冲突，人们就需要和合这一有效手段。在笔者看来，"知己知彼，将心比心"，倡导和合，能够为人们化解彼此的冲突，提供价值指引。如果说话做事处处与别人过不去，就会让自己变得处境艰难。

在社会交往中，商业竞争是容易发生冲突的场域之一。在商业竞争中，商人固然要精打细算，可是也要有超越零和游戏的胸怀。原因是"欲求天下事，须用世间财；富从升合起，贫因不算来"。要把生意做大，商人就应该懂得诚信经营、和合共生的道理，不能只做一锤子买卖。只有秉持和合共赢的经营理念，企业才能长盛不衰。原因是人们只有给别人保留盈利余地，自己才会有发展空间。所以，一个企业要实现长远发展，就要摒弃你赢我输的零和游戏，努力实现双赢和长远合作。

在中国文化中，企业要实现合作共赢、和合共生，就得理解差序格局，就要理解多元差分、融突和合、生生不息的必要性、可能性和现实性。

## 一、差序格局的来历

明清时期，我国活跃着十大商帮。晋商和徽商是其中的卓越代表。这两大商帮之所以能够发展壮大，就是充分利用了人与人之间的情谊。在当时，商人之间的联系首先是基于血缘亲情和地缘情谊，原因是以亲情和情谊为基础，人们的沟通会更加顺畅，做事也更容易成功。社会学家费孝通把国人的这一行为习惯称为"差序格局"。"我们的格局不是一捆一捆扎清楚的柴，而是好像把一块石头丢在水面上所发生的一圈圈推出去的波纹。每个人都是他社会影响所推出去的圈子的中心。被圈子的波纹所推及的就发生联系。每个人在某一时间某一地点所动用的圈子是不一定相同的。"① 差序格局是以儒家的仁爱思想为基础的，具体来说，就是以孟子的"亲亲而仁民，仁民而爱物"（《孟子·尽心上》）为文化基础的。

　　从实际效用来看，"差序格局可大可小，且会伸缩变化，其大小及变化都取决于处在差序格局中心的自己的社会影响或者说社会势力的大小及变化"②。在中华文化圈中，差序格局依托的社会关系主要包括亲戚、同乡、同业、朋友等。在差序格局的作用下，从古到今，中国人大都注重同姓和同乡的感情。如果刚刚见面的双方是同姓，那么双方会说是"本家"。如果有家谱，人们还会查阅家谱、看看班辈，如果辈分差距较大，辈分高的会亲切地称呼辈分低的人为宗亲，而辈分低的人则会尊称对方为长辈。经过这一番攀谈，两人之间的心理距离就大大拉近了。如此一来，如果双方要谈事情、做生意，就比较容易取得共识。

　　此外，如果两人是来自同一地方的，双方就会讲起家乡的风土人情。对此，《增广贤文》提出"美不美，山中水；亲不亲，故乡人"，提醒人们切莫忘记这一点。有时候，山西人见了山东人，即使不是一个省的，也会用"秦晋鲁豫大老乡"来拉近彼此的关系。从地理上来讲，山西和陕西、河南交界，民众间的联系自然较多；而山东和山西虽然地理上相隔遥远，可是也有隔不断的联系。例如，在元末明初，很多山西人在朝廷的组织下，以洪洞大槐树为中转站，千里迢迢地迁徙到了山东。

　　可见，在人际交往中，人们如果能够利用差序格局，就能提高成功的概率。从理论上讲，异中求同是落实差序格局的措施，而差序格局又是实现和合的手段。差序格局之所以能够运转，也有多方面的原因。

---

①　费孝通.乡土中国　生育制度[M].北京：北京大学出版社，1998：26.
②　涂骏.论差序格局[J].广东社会科学，2009（6）：165-170.

## 二、差序格局运转的原因

谈及差序格局产生和运转的原因，就不得不对权力和权利的关系做出辨析。一方面，权力是由政府官员使用，以让他人服从为特征；另一方面，权利是以个人为本位的，以维护个体权益为追求。因此，只有民众拥有足够的政治权利，才能有效制约政治权力，进而维护自己的合法权益。在现代社会中，公民的政治权利是实行法治的基础，而法治则是限制政府权力的有效手段。

可是，在古代中国，文化上一直偏重整体福利，忽视个体的权利保障和权益维护。再加上，在以农业税为主体税源的古代中国，政府无力完善社会保障。因此，个体要在这样的社会中生存，就不得不利用家庭、家族、同乡等团体，来弥补权利的不足和维护个体的权益。

古往今来，不同的社会有着迥异的行为规则：熟人社会讲身份，陌生人社会重契约。至于差序格局，则是连接熟人社会与陌生人社会的桥梁。在粤西地区，"年例"是一个比春节还要隆重的节庆，即使人们远在他乡，也要回家参与。年例的举办一般以村为单位，会举行以傩戏为代表的各种演出活动。在年例期间，各家不仅要广邀亲朋，还要大宴宾客。从功能上讲，年例打破了家庭的界限，力图最大限度地拓展家庭的人脉。可以说，年例流行的地区都具有熟人社会发达的特征，年例的广邀宾朋是以实现人与人之间的和合为目标的。

就和合与差序格局的关系而言，差序格局是实现和合的手段，而和合不仅是差序格局追求的价值目标，也是理想社会秩序的价值依据。

## 三、理想社会秩序

在熟人社会中，舆论对个体的生存具有重要影响。在古代，如果一个人为富不仁，就会遭到众人的唾弃。因此，富裕起来的商人们既会大力买房置地，又常致力修桥补路、设立义冢和建设义学等公益事业。有些家族会在京城购置房屋，专供本地应试举子居住，鼓励本地读书人积极参加科举考试。在笔者看来，商人们的这些做法既体现了他们富而好礼、回报乡邻的仁爱之心，又是在不自觉地遵循差序格局。

要遵循差序格局，既要有仁爱之心，还要知书达礼。如果一个人缺乏仁爱之心和礼貌，就会出现"在家不会迎宾客，出门方知少主人"的情况，也会使自己陷入孤立无援的境地。如果朋友来拜访，人们要拿出最好的东西来招待他，不能老想着利用对方、占对方便宜。如果有了真情实意，即使是"千里送毫毛"，也会让人感觉"礼轻情意重"，这充分反映了讲究诚信和重视情谊的重要性。

在传统社会中，正是因为大家遵循差序格局，常通过重视整体利益来间接保障个体利益，这才实现了社会秩序的动态稳定。一旦有人把自己的利益凌驾于众人之上，就会破坏差序格局，甚至会导致社会秩序的崩溃。在凸显个人权利、鼓励张扬个性的现代社会，现代性虽然弥补了传统社会对个人权益重视不足的缺点，但同时也带来了许多新的问题，如极端个人主义、家庭濒于解体、民粹主义盛行。这些突出问题既挑战社会伦理，又可能破坏社会和谐，使社会处于混乱和失序之中。

要解决上述突出问题，人们既要借鉴其他国家的治理经验，又要不忘初心。原因是儒家的仁爱理论、理想社会秩序等因素都具有共时性，"对于化解现代化所产生的种种社会弊端，重新找回我们精神的家园，充分凸显东亚文化的特质等都具有积极的意义"①。因此，人们不妨从中华优秀传统文化中寻找可借鉴的思想资源，实现传统思想资源的现代转化，将重视个体、维护整体与重建形而上学结合起来，使理想社会秩序得以实现。

---

① 苗润田. 儒学的现代性与东亚文化 [J]. 东疆学刊，2010，27（1）：1-6.

## 第二节　政治清明

国家若想长治久安，就要政治清明、经济繁荣、文化昌盛。政治清明是经济繁荣和文化昌盛的前提和基础，反过来，经济繁荣和文化昌盛又可以促进政治清明。可见，政治清明、经济繁荣和文化昌盛之间是互为因果、荣辱与共的关系。在古代中国，清官是实现政治清明的有效保障，而清官文化与政治清明两者之间既有共性，又有差异。共性表现在二者的"依靠力量、行为主体与客体、价值追求是一致的，但是在政治理念、制度设计和治理趋向上，两者差异甚大"①。可见，政治清明的实现不能仅仅依靠清官，更需要政治价值和制度设计。在唐代的政治制度设计上，"君臣及臣僚间尚能相互制约，相互监督。政体具有一定的包容性、开放性，容纳社会不同阶层的代表，接受不同的政治意见"②。可见，唐代政治文明既以和合为政治价值，又具有兼容并包、讲求人和的突出特质。

"讲求人和"的思想来源于孟子，原文为"天时不如地利，地利不如人和。"（《孟子·公孙丑下》）人和在政治制度设计中既是追求的目标，又是保证政治清明的手段。如果一个国家实现政治清明，那么，国家富强、政府清廉、经济发达也就顺理成章了，人们也就能安居乐业了，正如《增广贤文》所说："礼义生于富足，盗贼出于贫穷。"如果守法获利大于违法所得，人们就不会铤而走险，社会上的犯罪分子就会减少。如果一个国家要建设廉洁政府，就得要求官员恪尽职守、勤政爱民，还要强化反腐倡廉。在司法方面，儒家反对浪费司法资源，主张在不伤和气的前提下化解矛盾。

在追求和合方面，《增广贤文》也有所涉及。受到讲求人和思想的影响，《增广贤文》也从《孟子》中选择了"天时不如地利，地利不如人和"

---

① 梁芷铭.政治清明与清官文化异同之辨[J].东疆学刊，2014，31（3）：87-90.
② 童强.论唐代政治清明及其学术影响[J].江苏社会科学，2003（4）：159-164.

这一条文。人和的实质是和合，和合是理想社会秩序的价值依据，理想社会秩序的实现，离不开任人唯才。

## 一、社会发展靠人才

国家的兴盛和社会的发展，都依赖人才的培养和利用。慎到说："廊庙之材，非一木之枝；千金之裘，非一狐之腋；治乱安危，存亡荣辱之施，非一人之力也。"（《慎子·内篇·知忠》）这句话是说，要建设廊庙，不能只用独木；要做成狐裘，不能仅用一只狐狸腋下的皮毛；国家和社会的治乱兴衰、存亡荣辱，不能仅靠国君一人。可见，只有善用人才，国君才能治理好国家。

在历史上，"在促进国家进步和社会发展的过程中，人才起着举足轻重的作用"[①]。在东周时期，苏秦张仪通过游说，实现了合纵连横；在三国时期，诸葛亮对于蜀汉的贡献，亦非常人可比；到了明朝末年，吴三桂的突然倒戈，则直接导致了李自成在一片石战役中的失败。因此，在古代，国家的竞争往往是人才的竞争。

在全球化的今天，不少发达国家推出了技术移民政策，大力招揽国外人才。古往今来的鲜活事例，都说明了人才的重要性。要选拔人才，不仅要任人唯贤，还应做到人尽其才。而人才的培养，又离不开欣欣向荣、宽松有序的社会环境。所以，《增广贤文》才说："国清才子贵，家富小儿骄。"

### （一）人才的重要

受到古人重视人才思想的影响，《增广贤文》也看到了人才的作用，该书中的"一人有庆，兆民咸赖""士者国之宝，儒为席上珍"，都是在

---

① 　赵恒平，李倩倩．古代人才的"识""用""励"及其启示 [J]．华中农业大学学报（社会科学版），2008（1）：11-14.

劝告君主重视人才选拔。

"席上珍"一语出自《礼记·儒行》，原文是"儒有席上之珍以待聘"，意思是说儒生懂得治国平天下的办法，值得统治者加以聘用。"席上之珍"的原意是指宴席上的珍品，后来，人们用"席上之珍"来比喻美好的道理或者人才。可以说，人才是国家的宝贝，就像臻品佳肴是宴席上的珍品一样。

既然人才是国家的宝贝，那么，在科举选官的时代，读书人就是国家的人才储备库。因此，"士者国之宝，儒为席上珍"的说法，充分彰显了儒生对于治国理政的重要意义。在学习时，儒生既要尊重老师、刻苦学习，又要有"学在一人之下，用在万人之上"的胸怀。如果科举中第，在担任官职之后，儒生就要贯彻儒家"修齐治平"的政治理想，努力做到"为官一任，造福一方"。

### （二）人才使用和政德教育

人才对治国非常重要，不同种类的人才对国家的影响也是大为不同的。司马光把人才分为四类，即"才德全尽谓之圣人，才德兼亡谓之愚人，德胜才谓之君子，才胜德谓之小人"（《资治通鉴·周纪一》）。这句话是说，才德俱佳的人是圣人，才德俱无的人是愚人，德行胜过才干的人是君子，才华胜过德行的人是小人。因此，一方面需要使人才各尽其用，另一方面还要重视政德教育。

在人才使用方面，古人有很多值得今人借鉴的成功经验。管仲说："君子所审者三：一曰德不当其位，二曰功不当其禄，三曰能不当其官。此三本者，治乱之原也。"（《管子·立政》），这句话是说，在任用人才时，一要考察他的道德与职位是否相配，二要看他的功绩与他的俸禄是否匹配，三要看他的能力与所担任的官职是否一致。在管仲看来，能做好这三点，是国家和社会治乱的本原所在。荀况也说："论德而定次，量能而授官，皆使其人载其事，而各得其所宜。上贤使之为三公，次贤使之为诸侯，下贤使之为士大夫，是所以显设之也。"(《荀子·君道》)如果要任用人才，要先按他的品德来定等次，再按他的能力来授予官职。只有使一个人的才德与他的职位相配，才算人尽其才。上等的贤才可以担任三公，次等的贤才可以统领一方，下等的贤才可以做士大夫。

尽管人才已经被安排到合适的位置，可是，他能否如期发挥作用，还是未知之数。因此，一方面要定期对人才进行考核，另一方面也要做好政德教育。要进行政德教育，就要了解传统。原因是"中华传统文化和我国政治文明发展中蕴含着丰富的治国安邦、从政重德、修身齐家等思想，在政德教育实践中为我们留下了很多宝贵遗产"[①]。儒家提倡修身立德，因为修身"是古代士大夫安身立命的基础，也是其为政致仕的根基，具有亘古不变的本源作用"[②]。因此，儒家士大夫以修己安人为己任，努力推动社会的进步。在汉代，董仲舒既强调修身对官员的重要性，又"进一步提出了仁智并进理路，也就是德性主义和理智主义并进的治理思路"[③]。

在传统政德观的影响下，《增广贤文》重视干部的道德教育，要求官员勤政爱民，提出了"人到公门正好修，留些阴德在后头"的说法。儒家政德观提倡官员弘扬正气，主张建设清廉政府。因此，《增广贤文》说"宁可正而不足，不可邪而有余"，这是正面引导。如果官员清廉，那么下属就没有从中渔利的机会，也会变得清廉。所以，《增广贤文》感叹说"官清司吏瘦，神灵庙祝肥"。为了警示官员不要贪污，《增广贤文》告诫官员"种麻得麻，种豆得豆；天网恢恢，疏而不漏"。《增广贤文》的引

---

① 　郑秀芹，张昌林.墨子政德思想及其时代价值[J].山西社会主义学院学报，2023（1）：70-80.

② 　刘忠强.基于儒家思想的基层干部政德教育研究[J].山东开放大学学报，2021（4）：65-66.

③ 　姜淑红.董仲舒仁智并进理路对现代政德教育的启示[J].衡水学院学报，2023，25（4）：63-67.

导、忠告都反映了儒家的仁政思想，实质上还是仁爱思想的推衍。

到了今天，中华优秀传统文化内蕴含的"丰富的治国理政思想，是坚定文化自信历史自信的重要支撑，是领导干部坚定理想信念、系好人生的第一粒扣子、补足精神之钙的精神源泉"①。因此，人们应该大力发掘古代政德教育的合理因素，以便为当今社会服务。此外，古代清官大多具备清廉节俭、奉职循理、勤政爱民、刚正直谏、举贤荐能等特质，这些特质已经成为政德典范。

## 二、息讼调解化干戈

在列国纷争的春秋战国时期，儒家的仁孝观注重实现"中国传统法律中情、理、法的有机协调互补"②，通过德主刑辅、明德慎罚等手段，实现秩序维护的目的。在德主刑辅、明德慎罚思想的影响下，儒家具有鲜明的无讼理想和浓厚的息讼情结。

### （一）无讼与息讼

孔子说："听讼，吾犹人也。必也使无讼乎。"（《论语·颜渊》）对于打官司一类的事情，孔子并不反对。但是，在孔子看来，避免诉讼才是最好的。后人把孔子的这一思想称为"无讼"。如果说无讼是儒家追求的社会理想，那么"息讼则是实现无讼的手段"③。在古代，息讼不仅有逻辑清晰的理论构建，还有多如牛毛的实践操作。在司法实践中，官员为了节约司法成本、教导民众向善，"着眼于社会秩序的维护，重视减少纠

---

① 刘长利，杨发庭."两创"视阈中政德教育的价值意蕴和时代契合[J].内蒙古统战理论研究，2023（2）：56-60.

② 蔡薇.儒家仁孝观及其法律意义[J].社会科学家，2022（2）：143-153.

③ 李永富，岳晗，曹望华.论息讼思想及其对谱牒的影响[J].洛阳理工学院学报（社会科学版）2019，34（6）：32-37.

纷，平息诉讼，并在实践中积极探索，积累了丰富的息讼经验"①。

首先，息讼具有清晰的适用范围。在明清时期，"针对当地常见的土地归属类、户婚财产类以及墓地侵占类等纠纷矛盾，徽州宗族秉承息讼观念，主张一方面通过家规、宗规等民间规约来约束宗族成员的行为活动，形塑其礼让精神，使其行为能够符合礼俗传统，藉此预防纠纷矛盾的发生；另一方面则强调在宗族内部成员之间或宗族与宗族之间出现争执时，矛盾双方应通过协商调解的方式，根据当地的习惯法来化解彼此之间的问题"②。可见，息讼仅仅适用于土地、婚姻、财产、墓地等事关经济利益的民事纠纷，并不包括杀人、强奸、谋反等刑事案件。如果矛盾双方能够通过调解来化解纠纷，就不必浪费司法资源，因而实在是上佳选择。

其次，息讼思想产生的原因大致有以下几条：第一，法律不健全。由于刑民不分，民众维护民事权益往往得不到法律保障。第二，个体的政治权利不足。因为皇权不下县，所以，普通民众缺乏维护自身权益的政治权利，只能通过家族与官府打交道。第三，聚族而居、守望相助的熟人社会是实施调解、化解诉讼的民众基础。第四，官员的法律素养不足，胥吏可能弄权害民。由于担忧贪官污吏鱼肉百姓，所以，古人有"破家的县令"的说法，意思是说打官司可能会使一个家庭破产。第五，情、理、法之间是融突和合的关系，因而民间有"法律不外乎人情"的说法。

由于维权成本高昂，所以，个体与其打费时费力的官司，不如选择由德高望重之人做调停人，进行各退一步的调解。如果能够在不伤和气的情况下化解民事纠纷，那么打官司就是多余的了。在儒家息讼思想的

① 叶三方.古代息讼经验的现代借鉴[J].武汉大学学报（哲学社会科学版）,2008(2):164-168.

② 郭敬东.明清徽州乡村息讼观的内在逻辑与实施路径[J].农业考古,2023（3）:111-118.

影响下，《增广贤文》说："一字入公门，九牛拖不出。衙门八字开，有理无钱莫进来。"这一说法既凸显了民众打官司的艰难，又表明了政德教育的必要性。

最后，在调解适用法律上，古代社会也有明确的规定。由于"官有正条，民有私约"，所以调解应依据法律和道德来进行。在古代中国，如果一个人坚持要把官司打到底，就会给自己带来麻烦。到了现代，要是一个人不懂得守望相助和息讼调解的道理，就可能在打赢官司后变得迷茫。因此，人们应该正确理解息讼思想，学会利用调解来化解矛盾。

### （二）息事宁人少祸患

之所以要息讼，原因就在于息事宁人才能少祸患。儒家提倡宽容、体谅和忍让。在儒家宽容思想的影响下，《增广贤文》说"忍得一时之气，免得百日之忧"，说出了忍让的重要性。那么，何为忍让呢？就是遇事冷静思考，避免冲动之下做出后悔莫及的行为。因此，《增广贤文》才会说"近来学得乌龟法，得缩头时且缩头"。在今天，做人也应该牢记"为人何必争高下，一旦无命万事休"。

在《秋菊打官司》的故事中，村主任不懂得尊重秋菊，在踢伤了王庆来之后，不愿意道歉赔偿，结果被抓进了监狱。秋菊为争回面子和权利，把热心帮过自己的村主任送进了监狱。由于双方都不懂得合理让步，在官司判决之后，村主任、秋菊都是输家。双方之所以获得这种结果，关键原因就在于不懂得"己所不欲，勿施于人"的道理，不知道做人应该适可而止。

在《增广贤文》编纂者看来，普通人要遵纪守法，原因是"惧法朝朝乐，欺公日日忧"。一个人只有守法，才能得到善终，不会因受到刑罚处罚而死于非命。如果普通人漠视法律的威严，就会受到法律的惩处。

在古代，对于杀人、抢劫、抢劫等刑事案件，官方往往要介入，原因是"杀人可恕，情理难容"。因此，《增广贤文》才说："人心似铁，官法如炉。善化不足，恶化有余。"这一说法凸显了法律的严肃性。

# 第三节　守望相助

要想实现无讼，就要懂得守望相助的道理。在古代中国，民众之间的守望相助是弥补公共服务不足的重要手段。

孟子说："死徙无出乡，乡田同井，出入相友，守望相助，疾病相扶持，则百姓亲睦。"（《孟子·滕文公上》）这句话的意思是说，无论埋葬或搬家，老百姓都无须背井离乡。在平时，大家一同耕种田地，和睦友好地相处。即便是在防守盗贼时，大家也互相帮助。如果一家有了病人，邻居都会帮忙照顾。后来，人们就把彼此关心、互相帮助的做法叫作守望相助。

起初，守望相助只是一种朴素的生活理想；后来，它演化为一种核心的助人理念。它"在制度层面体现为患难相恤的助人规范，在文化层面契合了生活方式和思维方式的关系特征，从而形塑了中国传统社会助人系统的互助模式"[①]。于是，守望相助就成为国人沿用至今的行为方式。

## 一、产生原因

在古代中国，民众大多生活在典型的熟人社会中。在一个村子里，邻里之间都非常熟悉。加之，当时没有婚庆公司之类的中介组织，所以，不管是婚丧嫁娶，还是日常生活，都要依靠邻里之间的互助。如果邻里

---

① 杨国庆.守望相助：中国传统社会的助人理念 [J].华东理工大学学报（社会科学版），2022，37（4）：40-49.

之间关系融洽，就会减少许多烦恼和是非。在华北农村，办理红白喜事时，来往宾客往往较多，为了招待亲朋好友，主人家往往会设立流水席，因此，需要邀请很多人来帮忙。如果一家办喜事，乡亲们都来帮忙，主人家就会非常高兴。等到亲戚朋友来贺喜时，有人负责买菜做饭，有人负责照料宾客，喜事就能办得顺顺利利、热热闹闹；如果办喜事时，没什么人来帮忙，家里显得冷冷清清，宾客们也没法得到热情照料，主人家就会非常失落。所以说，在熟人社会里，守望互助对于个人乃至家庭的存续都具有重要意义。

即使是到了陌生的地域，人们也会按照血缘、地缘的亲疏，来结成互助组织。在山东聊城，山陕会馆就是山西、陕西商人在山东做生意时互相联系的大本营。在一个团体中，如果大家是来自不同地方的人，也会通过结拜兄弟等方式建立拟制血亲的关系。可见，在古代中国，邻里之间、朋友之间的守望相助，都是个体和家庭不可或缺的。在现代社会，作为中华民族的传统美德，守望相助也兼具"邻里帮扶、利益反馈、熟人规范等传统内涵和契约互助、利益交换、公正法治等现代内涵"[①]。同时，守望相助不仅具有多重内涵，而且具有清晰的操作方法。

## 二、操作方法和现代价值

守望相助不仅涉及邻里，而且涵盖朋友、同事、同乡等人群。

首先，在中国社会，邻居之间"抬头不见低头见"，所以相互麻烦是在所难免的。因此，《增广贤文》说"远水难救近火，远亲不如近邻"，提醒人们要处理好邻里关系。在处理邻里关系时，人们要牢记"平生莫作皱眉事，世上应无切齿人"的古训，把与人为善当作处世法则。再有，邻里之间相互借东西也不可避免，可是谁也不愿意别人借了东西不

---

① 　吴春梅.新时代农民守望相助的存续[J].武汉大学学报（哲学社会科学版），2019，72（6）：180-186.

还。所以，人们要遵照儒家"己所不欲，勿施于人"（《论语·颜渊》）的训诫，在向别人借东西时，既要说明用途和使用时间，又要在用完后及时归还。

其次，人们需要尊敬老人，记住"凡事要好，须问三老"。人们应该充分利用老年人的丰富阅历，来为自己的成长提供帮助，要做到孟子所期望的"老吾老以及人之老，幼吾幼以及人之幼"（《孟子·梁惠王上》），既要关爱老年人，又要爱护儿童。还有，如果都是一起在外打拼的同乡，那么大家就应牢记"美不美，山中水；亲不亲，故乡人"，做到患难与共、相互提携。再有，在闲谈时，人们要做到"隐恶扬善，执其两端"，多说别人的好话，少说别人的坏话。原因是如果人们不给邻居留面子，那么反之亦然。

最后，守望相助在今天已经成为中华民族的精神纽带之一。长久以来，在华夏大地上，各民族守望相助，共同推动了中华大家庭的兴旺繁荣、绵延不绝。在新时代，如果要搞好边疆治理，就要凝聚中华民族共同体意识，就要"凝聚守望相助意识、彰显共同富裕意识、提升生态优先意识和强化守土固边意识"[①]。

要实现理想社会秩序，除了明确和合这一价值理念、依靠人才、息讼调解和守望相助，还要懂得战略战术。

## 第四节　战略战术

从发生学来看，中华民族战略思想的形成与军事防御具有密切关系。置身相对封闭的地理环境，以农耕经济为立国特色，中国古代战略防御思想"以保卫农业文明和封建统治为根本目的，在历代中原王朝与西北

---

① 高永久，冯辉.边疆治理视域下铸牢中华民族共同体意识的现实路径 [J].中南民族大学学报（人文社会科学版），2023（2）：18-27.

游牧民族的军事斗争中不断发展充实"①。在血与火的洗礼中，中华民族在长期的战争实践和战略实操中，既形成了丰富的战略遗产，又彰显出中国战略文化的杰出智慧。

中华优秀战略思想既与军事有着千丝万缕的联系，又与人生有关，中国人历来注重讲求为人处事的学问，人生战略思想也就逐步产生了。所谓人生战略，就是识人之道、用人之法和抉择之术。面对两难选择，一个人只有具备战略眼光，才能适时做出恰当的决定。所以，在做决定时，人们要放眼未来，既要学会权衡利弊，又要做到遇事果断，更不可忘记循序渐进。

## 一、放眼未来不怀旧

### （一）人生战略要求人们应该着眼长远

《增广贤文》说："留得五湖明月在，不愁无处下金钩"，提醒人们要着眼长远。同样道理，"但有绿杨堪系马，处处有路通长安"，也凸显了放眼未来的豪迈情怀。《增广贤文》提出"无钱方断酒，临老始看经"，提醒人们要在平时做好规划和落实，反对临时抱佛脚的仓促做法。至于"人无远虑，必有近忧"，则说明了人应该有远景规划，不能满足于眼前的成绩。穷人每日忙于生计，甚至是吃了上顿没下顿；即使富人衣食无忧，也应该着眼长远，绝不能坐吃山空。所以，《增广贤文》提出"富人思来年，贫人思眼前"，彰显了编纂者的人文关怀和变通思想。此外，在古代，外出旅行的住宿是个大问题。如果错过了旅店，旅人往往就得在野外露宿。所以，《增广贤文》提出"未晚先投宿，鸡鸣早看天"，表现了十足的忧患意识。

---

① 时刚，刘诚.中国古代战略防御思想及其影响 [J].军事历史研究，2011（1）：127-129.

### （二）人生战略建议人们合理看待损失

对于既有的损失，人们要认识到过去已经不可改变，要学会及时放下。《增广贤文》指出"成事莫说，覆水难收"，意思是说不要为打翻的牛奶哭泣，要学会把握现在和放眼未来。《增广贤文》又说"既坠釜甑，反顾无益；翻覆之水，收之实难"，进一步强调做人应该忘记过去的损失，既要过好现在的生活，又要做好未来的打算。除此之外，《增广贤文》还反对人们拿过去的错误和未知的将来折磨自己，提出"人生不满百，常怀千岁忧"，要求人们活在当下。

## 二、莫为芝麻丢西瓜

### （一）面临抉择，应该当机立断

在人的一生中，经常需要做出一些抉择。如果一个人犯了"抓住芝麻丢了西瓜"的错误，就会给自己带来重大损失。在生活中，经常有人为了眼前的好处，而放弃了长远利益。人们把这种做法叫作因小失大。《增广贤文》反对这样的短视行为，指出"贪他一斗米，失却半年粮；争他一脚豚，反失一肘羊"，反对为了一时利益而冒险。因此，在面临抉择时，人们既要分清利弊，又要当机立断。

要当机立断，就要避免做事唯唯诺诺、患得患失。《增广贤文》说"三思而行，再思可矣"，突破了遇事三思而后行的一定之规。为了取得成功，人们常常要有一定的冒险精神。《增广贤文》也鼓励适度冒险，说"英雄行险道，富贵似花枝"。而"休别有鱼处，莫恋浅滩头；去时终须去，再三留不住"则提醒人们要抓住眼前的机会，遇事要豁达，要随遇而安。

### （二）面临选择，要迅速权衡利弊

对于人生来讲，求学、求职、求偶都是重要的选择。在人生的岔路口，如果人们做出了恰当的选择，就可以使自己走上坦途。反之，若是人们做出了错误的选择，就会把自己带上歧路。在《水浒传》中，正是因为潘金莲和武大郎选择了错误的婚姻，才会发生双双殒命的悲剧。

如果一个人想要避免事后追悔莫及，就要在面临重要抉择时仔细权衡利弊，继而做出恰当的选择。在做出选择之后，人们还要有主见，既要有享受正确选择带来的好处，又要有勇气去承担错误选择带来的后果。

### （三）面临危险，要综合考虑

一事当前，人们既要看到机会，又要看到危险。《增广贤文》用"螳螂捕蝉，岂知黄雀在后"来提醒人们，不要忘记"人为财死，鸟为食亡"的教训。因此，人们在做事时要避免"城门失火，殃及池鱼"的悲剧。古人认为，锦上添花固然好，雪中送炭更可贵。因此，《增广贤文》说："渴时一滴如甘露，醉后添杯不如无"，又说"点塔七层，不如暗处一灯"，提醒人们多做雪中送炭的义举。

面对危急时刻，提醒人们不能慌乱。因为"河狭水急，人急计生"，只要人们行善积德，就会转危为安。面对个人无法克服的困难，人们既不能轻敌，又得有勇气。总之，人们做事要放眼宏观，不能拘泥于小节，否则就会"若争小可，便失大道"。

## 三、循序渐进莫忽视

### （一）如果想要做事妥当，就应该按部就班

人们做事要循序渐进，不可着急。不管事情多么简单，如果掉以轻心，就容易遭遇失败。所以，《增广贤文》才会说："见者易，学者难。莫将容易得，便作等闲看。"面对未知的情况，不要托大，不能自以为是，要"宁可信其有，不可信其无"，避免"差之毫厘，失之千里"。《增广贤文》反对"闲时不烧香，急时抱佛脚"的投机行为，主张做事要认认真真，做人要踏实勤恳，反对偷奸耍滑、心存侥幸。

### （二）如果想要做事稳当，就应该心平气和

《增广贤文》提出"急行慢行，前程只有许多路"，提醒人们一口吃不成胖子，做事要慢慢来。所以，人们要牢记"若登高必自卑，若涉远必自迩"，不可好高骛远，眼高手低。《增广贤文》又说："养军千日，用在一朝"，提醒人们奋斗总是艰辛的，成功来之不易。此外，《增广贤文》还反对竭泽而渔，提出"但留方寸地，留与子孙耕"。

综上所述，融突和合是理想社会秩序的价值依据，政治清明、守望相助是实现理想社会秩序的必要手段，而战略战术则是实现理想社会秩序的有效保障。在《增广贤文》编纂者看来，只有政治清明、经济繁荣、文化昌盛，人们才能在理想社会秩序中，过上美好生活。

结　语

置身天地之间，人类既是认识主体，又是实践主体，还具有道德责任。人类是由个体组成的，作为认识主体，个体不仅能够认识自身，还能够了解自然万物和社会规律。与此同时，人类不仅具有自然属性，而且具有社会属性。基于自然属性，人类必须从自然界中获取维持生命、发展自我的物质资料；基于维系社会发展必不可少的社会属性，人类又必须承担对自身、对自然的道德责任。因此，作为个体，人们不仅要关爱自身，而且要尊重他人、关爱他物。要关爱自身、尊重他人、关爱他物，人们就要挺立起生命的主体性，做一个无愧自我、无愧他人、无愧天地的人。

要想成为一个大写的人，人们就必须了解自我、认知社会、观照自然。由于个体的生命不乏有限性，因此，人们不能仅仅依靠直接经验。要想获取间接经验，不外乎拜师、读书等途径。由于各种原因，人们可能无法寻得适合自己的老师，但是，借助经典著作，人们也能做到"秀才不出门，全知天下事"。

## 一、定位与适用范围

在古代中国，经典著作既包括儒、释、道三教的元典，又涵盖蒙学书籍。以《增广贤文》和《幼学琼林》为代表的蒙学经典，曾经是古人学习为人处世之道的必读书籍。到了当代，也有很多人对这两本书有所了解。然而，对于如何评价《增广贤文》一书，学界仍有不同的看法。

首先，学界对《增广贤文》的学派定位，仍有争议。有些学者认为，《增广贤文》是道教典籍，主要反映的是道家和道教思想，理由是书中有不少条文劝人知足、宽容。也有些学者从《增广贤文》中发现了佛教思想。李向阳认为，《增广贤文》里面的佛教思想主要包括"警言慎行，勿论人非；因必有果，果皆有因；乐天知命，莫要强求；孝心无价，爱日承欢"[①] 等方面。实际上，《增广贤文》选材广泛、内容丰富，既非一门一派之作，又非一时一人之作。

其次，学者对《增广贤文》的使用范围共识有限。有些学者认为，该书是儿童蒙学经典。蒋敬诗认为，"《增广贤文》是一部宣传儒家思想的戒训类蒙学读物，所收录的是当时流传的格言、谚语和诗词名句，覆盖古今社会生活的各个领域"[②]，具有广泛的适用性。也有些学者重视发掘《增广贤文》的现代价值。彭友谷认为，《增广贤文》"宣传的一些具有稳定性的道德原则和道德规范是当今社会不可缺失的，它对当今的道德建设和道德教育具有积极意义"[③]。立足新时代，人们不仅应该把《增广贤文》定位成中华优秀传统文化的重要载体之一，而且应该把它的适用范围由儿童拓展到其他年龄段的人群。

对于儿童来说，《增广贤文》可以让他们初步了解自我、社会、自然；就成人而言，该书可以教给人们什么是天人之学，如何解读命运的奥秘，怎样看待和践行以修齐之道为起点的中国成功学，把握实现理想社会秩序的行动指南。可见，它是一本适用范围广、影响深远的书。

作为中国人，要处理人际关系，首先就要继承以儒家孝悌思想为杰出代表的中华优秀传统文化。在当代，"重视家庭教育，继承和发扬儒家的孝悌思想，是解决人的道德滑坡问题、提升公民道德素质的关键之举"[④]。作为中华优秀传统文化的代表，《增广贤文》不仅具备孝悌

---

① 李向阳.《增广贤文》里面的佛教思想 [EB/OL].（2022-10-19）[2023-11-16]. http://m.shaolin.org.cn/newsinfo/subset/5179.html.

② 蒋敬诗.略论《增广贤文》的现代价值 [J].重庆三峡学院学报，2013，29（1）：68-70.

③ 彭友谷.《增广贤文》的现代道德教育意义 [J].邵阳学院学报，2005（1）：25-27.

④ 李丽丽，王凌皓.传统儒家孝悌之道的现实观照 [J].学术交流，2010（6）：34-36.

思想，还蕴藏着为人处世的其他道理，在今天仍然具有不可忽视的重要价值。

## 二、解读诀窍

要充分发挥《增广贤文》的现代价值，就要具体问题具体分析。针对不同内容，人们需要采取相应的解读方法。

第一，以知足常乐、安贫乐道为代表内容的优秀内容，值得今人积极继承。

在《增广贤文》中，"良田万顷，日食一升；大厦千间，夜眠八尺""忍得一时之气，免得百日之忧"等条文可以让人们了解幸福的真谛，进而有效应对职业倦怠。此外，"好学者如禾如稻，不好学者如蒿如草""一寸光阴一寸金，寸金难买寸光阴"等语句既可以让人们懂得学习的必要性，又能让人们懂得惜时的道理。

第二，对于貌似冲突的条文，需要采取经权结合的处理办法。

在《增广贤文》中，既有很多条文具有重要参考价值，也有一些条文互相冲突。例如，对于饮酒的态度，不同条文之间就呈现出前后不一的状况。"三杯通大道，一醉解千愁""醉后乾坤大，壶中日月长"两句说到了饮酒的好处；而"药能医假病，酒不解真愁"则表现了酗酒的危害。其实，这些看法的语境各不相同，都体现了古人的生活智慧，都可以在一定条件下相互转化。在今天，人们应该按照儒家的变通思想和经权观念，对这些条文予以合理看待和灵活运用。

第三，对于不合时宜的东西，人们要积极转化。

在《增广贤文》中，"在家由父，出嫁从夫""贤妇令夫贵，恶妇令夫败""痴人畏妇，贤女敬夫"等条文表现了"三从四德"等思想，是明显具有时代性局限性的。虽然该书编纂者也对夫妻互敬互爱做了要求，可是，在婚姻实践中，对夫妻双方的道德要求极易异化，变成对妻子的单方面要求。因此，在当代社会，人们应该本着男女平等的精神，对这些条文进行现代解读。

第四，《增广贤文》之中也有阻碍创新的思想因素。

虽然"世间好语书说尽，天下名山僧占多"一句体现了对传统的尊重，却也在一定程度上阻碍了思想创新。有学者通过分析该书，认为中华传统文化压抑创新的特质具体表现在"不主张探索和尝试、不好冒风险、不提倡求新求变、不敢怀疑、压抑个性、忽视个体权利、忽视创新人才"[①]等方面。在《增广贤文》中，仅有"英雄行险道，富贵似花枝"一条涉及冒险精神。在今天，人们仍然需要珍爱生命，同时，也应该通过完善产权制度、提供风险投资等方式，不断推进创新。

总体来看，《增广贤文》之中既有时代特点鲜明的内容，又兼具历时性和共时性的思想要素。可见，"传统是现代得以发生的基础，现代是在传统基础上的现代"[②]。在今天，人们要研究该书，就要遵循古为今用的方针，做到继承与创新并重。

## 三、实践路径

在当代，《增广贤文》仍然是一部不可忽视的处世宝典。由于它使用的典故很少，所以易于理解和传播。家长不仅应该把它牢牢记住，还应该让孩子把它背下来。如果你是喜欢中国文化的外国朋友，那么，阅读《增广贤文》就可以让你快速了解中国人。可见，不管多大年龄，不论来自哪个国家，只要你认真阅读《增广贤文》，就必然大有收获。所以，人们不仅应该认真学习这一处世宝典，而且要积极发掘其现代价值，还得积极应用。

第一，立足天人之学的视域，研习处世之道。

---

① 高锡荣，何洁，胡小娟.中国创新文化的传统缺陷：基于《增广贤文》的内容分析[J].中国科技论坛，2015（11）：118-124.

② 李永富.岁时佳话：儒学与节庆[M].成都：西南交通大学出版社，2018：124.

"己所不欲，勿施于人""白发不随老人去，看来又是白头翁"等条文可以帮助人们学会变通和换位思考，"在家不会迎宾客，出门方知少主人""慈不掌兵，义不掌财"等条文能让人们懂得找准位置，"相见易得好，久住难为人""士为知己用，女为悦己容""酒逢知己饮，诗向会人吟"等条文可以让人们妥善处理社交关系，"是非终日有，不听自然无""来说是非者，便是是非人"等条文则能帮助人们了解人生的实然层面。

第二，把握儒、释、道命运观，知晓人生应然。

通过"大家都是命，半点不由人""万事不由人计较，一生都是命安排"等语句，人们能够透彻了解个体的有限性；一旦体味过"善必寿老，恶必早亡""为善最乐，为恶难逃""忠厚自有忠厚报，豪强一定受官刑""强中自有强中手，恶人须用恶人磨"等语句，人们就能知道如何安身立命；"万事省先定，浮生空自忙""人生一世，草木一春"等语句让人们知道道法自然的道理，学会在逆境中安时处顺。万一遭遇人生的大悲大苦，人们就可以从"善恶到头终有报，只争来早与来迟""人恶人怕天不怕，人善人欺天不欺""善有善报，恶有恶报；不是不报，日子未到"等条文中，获得心灵的慰藉，避免精神崩溃。

第三，立足修齐之道，践行中国家庭哲学。

在中西文化中，家庭哲学的共性在于都"有对家庭之爱的存在论依据、人性论根源和社会哲学基础的深入探究，有对伉俪之情、亲子之爱、手足之情的热切关注，有教孝、教悌、化解家庭矛盾的精细论说，更有对家和万事兴的长远基础的深沉思考"[1]。就中国家庭哲学而言，儒家不仅以修身为起点，而且以齐家为追求。在个人修身方面，人们可以自觉遵循《增广贤文》中的"但行好事，莫问前程""宁可正而不足，不可邪而有余"等条文的要求。在家庭和睦方面，"千经万典，孝义为先""万恶淫为首，百善孝为先""当家才知盐米贵，养子方知父母

① 许苏民.中西家庭哲学异同辨[J].学术研究，2023（7）：32-48，177.

恩""凡事要好，须问三老""兄弟相害，不如友生"等条文也可以给人们很多启示。

第四，了解理想社会秩序，遵循行动指南。

和合是理想社会秩序的价值依据，政治清明、守望相助等是实现理想社会秩序的制度设计，而策略则是实现理想社会秩序的有效辅助。在新时代，建设理想社会秩序，全方位满足人们对美好生活的切实需要，依然是国人奋斗的目标。要实现这一目标，人们仍然需要认真研读《增广贤文》。

在《增广贤文》中，"两人一般心，无钱堪买金。一人一般心，有钱难买针"从正面说明了和合的功效；"与人不和，劝人养鹅；与人不睦，劝人架屋"则从反面说明了冲突的严重性与和合的必要性。此外，"国清才子贵，家富小儿骄""士者国之宝，儒为席上珍"等条文既说明了人才对国家兴盛的作用，又提醒领导者要发现人才、善待人才。"人到公门正好修，留些阴德在后头""惧法朝朝乐，欺公日日忧""人心似铁，官法如炉。善化不足，恶化有余"等条文不但说明了古代官吏在自由裁量权上的操作空间，而且能为今人做好干部政德教育提供思想资源。"一字入公门，九牛拖不出。衙门八字开，有理无钱莫进来"不仅凸显了古人维护权益的困难，而且说明只有坚持教育与惩治并重，才能提高司法机关从业人员的道德水准。还有，在现代社会，"远水难救近火，远亲不如近邻"一语依然可以提醒人们做好邻里关系、同事关系，以便通过守望相助弥补公共服务的鞭长莫及。"见者易，学者难。莫将容易得，便作等闲看"两句话既展现了儒家知易行难的思想，又能为今人做好知识转化提供思想资源。

总之，《增广贤文》一书既在历史上发挥了言说人际关系、普及处世之道、传播命运观、改良社会风气的作用，又可以在当代发挥普及中华优秀传统文化、提升个人成功概率等作用。

# 参考文献

[1] 白炜.践履思维: 中国传统哲学独特的思维方式 [J].社会科学家, 2010( 8 ): 123–126.

[2] 白奚, 蔡清生.忠恕之道: 普遍伦理及全球价值的发展动向 [J].探索与争鸣, 2000（5）: 31–33.

[3] 白奚.仁爱观念与生态伦理 [J].首都师范大学学报（社会科学版）, 2002 （1）: 98–102.

[4] 蔡杰.儒家人本理念的伦理性与超越性论析 [J].北京理工大学学报（社会科学版）, 2021, 23（3）: 173–180.

[5] 蔡薇.儒家仁孝观及其法律意义 [J].社会科学家, 2022（2）: 143–153.

[6] 陈爱华.“诗意栖居”的生态伦理智慧及其当代价值: 基于中国古诗的解读 [J].南京林业大学学报（人文社会科学版）, 2023, 23（5）: 68–75.

[7] 陈凯.论中国传统哲学的生活意蕴: 以儒道两家学说为例 [J].中州学刊, 2016（1）: 109–113.

[8] 陈来.宋明理学 [M].2 版.上海: 华东师范大学出版社, 2004.

[9] 陈齐放, 余怀明.“制怒”辩 [J].领导科学, 2000（11）: 50.

[10] 程颢, 程颐.二程集 [M].王孝鱼, 点校.北京: 中华书局, 1981.

[11] 储昭华, 李文希.在天人合一中诗意栖居: 中国人的居住哲学 [J].中国特色社会主义研究, 2022（2）: 108–111.

[12] 崔利.彰显中国风俗、中国风流、中国风度、中国风范的中国酒文化[J]. 酿酒，2023，50（6）：127-131.

[13] 方立天.中国佛教哲学要义[M].北京：中国人民大学出版社，2002.

[14] 费孝通.乡土中国　生育制度[M].北京：北京大学出版社，1998.

[15] 冯晨."大德者必受命"：儒家德福关系的内在逻辑[J].哲学分析，2023，14（5）：39-56，197.

[16] 高景柱.德沃金与运气均等主义理论[J].西南大学学报（社会科学版），2021，47（2）：35-43，227.

[17] 高书国.中国君子精神的内涵、特征与现代化[J].中国教育科学（中英文），2023，6（6）：68-74.

[18] 高永久，冯辉.边疆治理视域下铸牢中华民族共同体意识的现实路径[J].中南民族大学学报（人文社会科学版），2023（2）：18-27.

[19] 郭敬东.明清徽州乡村息讼观的内在逻辑与实施路径[J].农业考古，2023（3）：111-118

[20] 郭齐勇.中国哲学：问题、特质与方法论[J].中国哲学史，2018（1）32-41，73.

[21] 韩星.孝悌之道与家庭伦理[J].学习与实践，2023（1）：133-140.

[22] 何光沪，许志伟.对话：儒释道与基督教[M].北京：社会科学文献出版社，1998.

[23] 洪守义.从儒家文化的精华中汲取养成教育的智慧[J].当代青年研究，2008（10）：35-39.

[24] 胡芳毅.话语交际中的礼貌原则与交际距离[J].常德师范学院学报（社会科学版），2001（2）：98-99.

[25] 黄勇.良好生活的两个面向：对儒家义利观的美德论解释[J].学术月刊，2022，54（8）：5-15.

[26] 黄元英.儒道释与古代作家生命旨趣的调适[J].社科纵横，2007（1）：77-78.

[27] 蒋海怒.德感生活：儒家生活哲学内在构造解析[J].哲学研究，2005（11）：108–113.

[28] 金富平.义、利不可以轻重论：儒家义利观考察[J].江淮论坛，2021（5）：106–110.

[29] 金滢坤.敦煌蒙书《武王家教》中的唐代富贵贫贱观念解析：以"十恶"为中心[J].敦煌研究，2021（6）：93–106.

[30] 雷立成.传统家训德教理念结构及现实意义[J].船山学刊，2001（4）：101–104.

[31] 黎靖德.朱子语类[M].王星贤，点校.北京：中华书局，1986.

[32] 李存山.重视人伦，解构三纲[J].学术月刊，2006（9）：44–46.

[33] 李殿森，靳玉乐.儒家的自我修养观及其对现代德育的启示[J].思想理论教育导刊，2005（5）：71–76.

[34] 李福长，易琰.唐宋女性婚姻与财产权益的法律比较[J].西部学刊，2018（10）：52–56.

[35] 李国祥.论儒家的生活趣味[J].西北民族大学学报（哲学社会科学版），2006（6）：33–38.

[36] 李洪儒.语用学与情态范畴[J].外国语文，2023，39（5）：29–38.

[37] 李会富.论儒家哲学的生活哲学意蕴[J].理论界，2014（6）：84–86.

[38] 李丽丽，王凌皓.传统儒家孝悌之道的现实观照[J].学术交流，2010（6）：34–36.

[39] 李少华.晋商的家庭教育[J].太原理工大学学报（社会科学版），2008，26（4）：47–49，67.

[40] 李永富，李新春.论程颢仁学的生态意蕴[J].中国哲学史，2015（1）：57–62，88.

[41] 李永富，岳晗，曹望华.论息讼思想及其对谱牒的影响[J].洛阳理工学院学报（社会科学版）2019，34（6）：32–37.

[42] 李永富，岳晗.论先秦五行思想的和合意蕴[J].文化学刊，2021（8）：90-93.

[43] 李永富.超越"体用"和"古今"：多元文化视野下的民族文化复兴[J].中州学刊，2013（5）：87-91.

[44] 李永富.洛学兄弟：程颢程颐[M].成都：西南交通大学出版社，2018.

[45] 李永富.岁时佳话：儒学与节庆[M].成都：西南交通大学出版社，2018.

[46] 李永富.易学视野下的二程理学建构[M].成都：西南交通大学出版社，2021.

[47] 李永富.引君当道　致君尧舜：二程论格君心之非[J].东岳论丛，2016，37（11）：68-72.

[48] 梁敏晴.浅析宋代宗室女：以宗室身份为中心[J].佳木斯大学社会科学学报，2022，40（1）：147-149，155.

[49] 梁芷铭.政治清明与清官文化异同之辨[J].东疆学刊，2014（3）：87-90.

[50] 林红.汉代女性婚姻自主权探析[J].云南大学学报（法学版），2008（2）：32-36.

[51] 刘鸿武，敖缦云.中华多民族统一国家和合共生的历史文化密码[J].云南师范大学学报（哲学社会科学版），2022，54（1）：53-61.

[52] 刘建花，刘艳丽.儒家义利思想的现代转换及在企业社会责任培育中的价值[J].济南大学学报（社会科学版），2021，31（3）：151-156.

[53] 刘利.新时代中华优秀酒文化的传承和发展路径研究[J].酿酒，2022，49（2）：44-49.

[54] 刘相雨.《红楼梦》中的夫妻关系与儒家的家庭理想[J].红楼梦学刊，2006（6）：174-189.

[55] 刘英杰，田雨.晋商乔氏家训商业伦理思想向度及其当代价值[J].晋阳学刊，2020（4）：125-130.

[56] 龙佳解.历史上儒家关于民众道德教化方式的省察[J].湖南大学学报（社会科学版），2004（1）：14–17.

[57] 罗安宪.孔子的君子论及其现代意义[J].探索与争鸣，2009（3）：62–66.

[58] 吕本修.中国传统"八德"思想探析[J].东岳论丛，2023，44（7）：89–98，192.

[59] 马俊毅.中华民族伟大复兴进程中的精神纽带建设[J].中南民族大学学报（人文社会科学版），2023，43（3）：26–35，182.

[60] 马作峰，姜瑞雪，王平，等.《内经》制怒方法初探[J].中国中医基础医学杂志，2011，17（2）：149–150.

[61] 苗润田."放于利而行多怨"：儒家义利学说再探讨[J].哲学研究，2007（4）：45–50.

[62] 苗润田.论儒家的宽容思想[J].东岳论丛，2006，27（6）：200–204.

[63] 苗润田.儒学的现代性与东亚文化[J].东疆学刊，2010，27（1）：1–6.

[64] 牟钟鉴.走近中国精神[M].北京：华文出版社，1999.

[65] 倪合一.心疗首重制怒[J].家庭中医药，2005（1）：35–36.

[66] 彭永捷.中国政治哲学史：第2卷[M].北京：中国人民大学出版社，2017.

[67] 钱焕琦.试论我国家庭教育伦理思想的发展与继承[J].中国文化研究，2000（2）：70–73，145.

[68] 乔以钢，陈千里.《周易》与《礼记》家庭观念之比较[J].中国文化研究，2010（3）：58–65.

[69] 邱培彪.性朴论视野下的儒家教育哲学[J].江淮论坛，2014（3）：127–131.

[70] 任瑄.古人制怒，各出奇招[J].健身科学，2014（8）：17.

[71] 阮元.十三经注疏（清嘉庆刊本）[M].北京：中华书局，2009.

[72] 桑林溪，吴小玲，程子雨 . 积极心理学视域下贫困生心理健康促进性研究 [J]. 遵义师范学院学报，2023，25（4）：156-159.

[73] 邵燕楠 . 教育哲学之思 [J]. 教育理论与实践，2006（3）：6-9.

[74] 时刚，刘诚 . 中国古代战略防御思想及其影响 [J]. 军事历史研究，2011（1）：127-129.

[75] 释僧祐 . 宋思溪藏本弘明集 [M]. 北京：国家图书馆出版社，2018.

[76] 孙海燕 . 论儒家现世精神的起源 [J]. 人文杂志，2023（9）：14-23.

[77] 唐建兵 . 中华优秀传统家风文化创造性转化和创新性发展的路径探析 [J]. 江淮论坛，2023（3）：124-129.

[78] 童强 . 论唐代政治清明及其学术影响 [J]. 江苏社会科学，2003（4）：159-164.

[79] 涂骏 . 论差序格局 [J]. 广东社会科学，2009（6）：165-170.

[80] 汪辉秀 . 浅议中晚唐时期女性服饰 [J]. 巴蜀史志，2022（4）：82-87.

[81] 王春梅 .《诗经》中的夫妻伦理关系研究 [J]. 潍坊学院学报，2012，12（1）：45-47.

[82] 王晓霞 . 儒家文化中的人际关系理论 [J]. 道德与文明，2000（5）：45-47，58.

[83] 王新春 .“横渠四句”的生命自觉意识与易学“三才”之道 [J]. 哲学研究，2014（5）：39-44.

[84] 王新春 .《周易》时的哲学发微 [J]. 孔子研究，2001（6）：38-46，74.

[85] 王新春 . 神妙的周易智慧 [M]. 北京：中国书店出版社，2001.

[86] 王新春 . 易学与中国哲学 [M]. 北京：人民出版社，2012.

[87] 王秀华 .《增广贤文》中的心理学解读 [J]. 湖北第二师范学院学报，2015，32（1）：80-82.

[88] 王彦敏 . 中、犹传统家庭观之比较 [J]. 东岳论丛，2006（3）：188-190.

[89] 魏义霞 .“安于义命”：二程的性命哲学及其道德旨趣 [J]. 齐鲁学刊，2012（3）：15-19.

[90] 吴春梅.新时代农民守望相助的存续[J].武汉大学学报（哲学社会科学版），2019，72（6）：180-186.

[91] 吴付来.义命论的逻辑发展及其现代意义[J].中国人民大学学报，2007(1)：91-97.

[92] 向世陵.明道问学集[M].北京：人民出版社，2020.

[93] 徐慈华，严小姗.语言隐喻的认知博弈论语用学分析[J].逻辑学研究，2023，16（2）：1-15.

[94] 徐芳健.童蒙教材中的传统德育及现代启示：以《幼学琼林》《增广贤文》的对比分析为例[J].教育文化论坛，2022，14（3）：100-104.

[95] 徐强.由"占筮"到"德义"：据帛书《易传》析论《周易》解释的视域转换[J].大连理工大学学报（社会科学版），2010，31（1）：74-78.

[96] 许苏民.中西家庭哲学异同辨[J].学术研究，2023（7）：32-48，177.

[97] 闫雷雷.朱子设教思想在士庶中的一贯性：以义利之辨为角度[J].现代哲学，2023（2）138-146.

[98] 杨本华.四心的操存涵养：孟子生活哲学意蕴探究[J].太原师范学院学报（社会科学版），2018，17（1）：11-14.

[99] 杨国栋.主体性、主体间性与共同主体性[J].南京艺术学院学报（音乐与表演版），2023（4）：41-47.

[100] 杨国庆.守望相助：中国传统社会的助人理念[J].华东理工大学学报（社会科学版），2022，37（4）：40-49.

[101] 杨柳新.《学记》中的古典儒家教育哲学[J].兰州学刊，2010（8）：135-140.

[102] 杨庆中.中国古代天人之论真能解决当今人类面临的危机吗？[J].河北学刊，2004（5）：93-98.

[103] 杨新.论中国古代的战略本质观[J].南京政治学院学报，2005（2）：95-97.

[104] 杨志玲，盛美真.儒家道德文化在云南少数民族地区的传承途径[J].云南民族大学学报（哲学社会科学版），2007（5）：40–43.

[105] 姚裕瑞.道德与命运：从早期《诗》学的线索看儒家德命观的演变[J].管子学刊，2020（4）：25–34.

[106] 叶三方.古代息讼经验的现代借鉴[J].武汉大学学报（哲学社会科学版），2008（2）：164–168.

[107] 尹旦萍.社会转型期土家族女性婚姻自主权的变迁：以湖北恩施州宣恩县J村为例[J].北方民族大学学报（哲学社会科学版），2015（1）：77–83.

[108] 尹业初.现代农村家庭伦理的现实性探微[J].理论月刊，2012（2）：159–162.

[109] 岳晗，李永富.论先秦阴阳思想的和合意蕴[J].学术探索，2019（11）：9–15.

[110] 张楚廷.论教育哲学[J].高等教育研究，2016，37（1）：45–48.

[111] 张岱年.中国哲学大纲[M].北京：中国社会科学出版社，1982.

[112] 张光紫.知所行止：厘清底线意识与底线思维的意义探讨[J].湖南科技大学学报（社会科学版），2021，24（2）：128–133.

[113] 张国刚."立家之道，闺室为重"：论唐代家庭生活中的夫妻关系[J].清华大学学报（哲学社会科学版），2008（1）：46–62，159.

[114] 张继亮.功利、应得与运气：论约翰·密尔与运气式功利主义[J].中国社会科学院大学学报，2023，43（4）：144–163，168.

[115] 张军成，赵明明.儒家文化育人：历史共生与现实契合[J].重庆社会科学，2015（8）：63–69.

[116] 张鲲.论"全人类共同价值"的中华优秀传统文化底蕴[J].民族学刊，2021（12）：11–15，124.

[117] 张雷声.从异化劳动论到剩余价值论：马克思经济思想的科学变革[J].马克思主义研究，2022（3）：1–8，155.

[118] 张立文.朱熹思想研究[M].北京：中国社会科学出版社，2001.

[119] 张千帆.为了人的尊严：中国古典政治哲学批判与重构 [M].北京：中国民主法制出版社，2012.

[120] 张文显.法理学 [M].5 版.北京：高等教育出版社，2018.

[121] 张英.略论传统儒家命运观 [J].学术交流，2011（3）：29–32.

[122] 赵博文.交际距离的调整及语法表现：以新闻发布会答记者问为例 [J].华北电力大学学报（社会科学版），2022（2）：117–125。

[123] 赵恒平，李倩倩.古代人才的"识""用""励"及其启示 [J].华中农业大学学报（社会科学版），2008（1）：11–14.

[124] 赵明，费菊瑛.先秦儒、道、墨家命运论之探究 [J].理论学刊，2005（4）：103–106.

[125] 赵婉懿.孔子先秦儒家命运观研究 [J].中国民族博览，2019（2）：85–87.

[126] 郑秀花.中国传统经典家训词频统计与分析 [J].图书情报知识，2015（3）：53–61，65.

[127] 朱熹.四书章句集注 [M].北京：中华书局，1983.

[128] 朱熹.周易本义 [M].廖名春，点校.北京：中华书局，2009.

# 后　记

2011 年，在阔别中国人民大学多年之后，我又回到人大校园，开始了博士阶段的求学历程。一天，中国人民大学哲学院教授向世陵（以下称"向教授"）告知我，他正在组织学者撰写《仁道——中国儒学大众读本》这套丛书，希望我也能为传承中华优秀传统文化略尽绵薄之力。这套丛书分为儒学源流、巨擘鸿儒、幼学启蒙、核心义理、乡俗儒风、警语箴言和弘学院所七个专题，主要由青年学者完成。值得说明的是，外子李永富也是从中国人民大学毕业的硕士，其硕士导师正好是向教授。对于向教授的教导，我们万分感激。

在和外子李永富商量之后，我们选择了《族谱》《节庆》《程颢程颐》《增广贤文》四本书，并开始撰写。初稿完成后，向教授提出了具有针对性的修改意见，我们也进行了相应修改，使书稿能够顺利定稿。定稿后，《族谱》一书定名为《家国情怀：儒家与族谱》，《节庆》一书定名为《岁时佳话：儒学与节庆》，《程颢程颐》一书定名为《洛学兄弟：程颢程颐》，而《增广贤文》一书则定名为《处世宝典：增广贤文》。

2014 年 7 月，《家国情怀：儒家与族谱》由中州古籍出版社出版。2018 年 10 月，《岁时佳话：儒学与节庆》和《洛学兄弟：程颢程颐》两本书均由西南交通大学出版社出版。至于《处世宝典：增广贤文》一书则因为各种原因，一直未能付梓。

2018 年 12 月，我和外子李永富来到广东海洋大学法政学院工作。在工作之余，我对《增广贤文》重新进行整理和研究。党的十九大报告提出："没有高度的文化自信，没有文化的繁荣兴盛，就没有中华民族伟大复兴。"党的二十大报告要求学界"传承中华优秀传统文化，满足人民日益增长的精神文化需求"。

在认真学习二十大报告后，我深感《增广贤文》具有以儒为主、兼容道佛、多元一体的思想特质，既是中华优秀传统文化的杰出代表，又是增强国人文化自信的有效载体。在建设中国式现代化的伟大征程中，今人有必要立足多元文化的视野，积极发掘《增广贤文》背后的中华优秀传统文化，充分彰显其要素的共时性和历时性，以便为实现中华民族伟大复兴和满足人民群众的精神文化需求提供必要的思想资源。因此，我又对《增广贤文》一书做了进一步研究，以《多元文化视野下的〈增广贤文〉研究》为题，写成了本书。

感谢向教授的提携！

感谢群言出版社的鼎力支持！

感谢外子李永富和小女李嘉卉的支持！

岳晗

2024 年 2 月